述往

述往事，思来者

张伯驹笔记

靳飞 著

北京出版集团
文津出版社

气力复此芦笋腐鱼等物已有也尝试者佳
弓汤腹鱼鸟以山止已五蕰卒
它色汤水力腹甘方不知
色芊祢任汤末主亦不知所
此而复来当缘深诸王未勤
笑氣曰邓能之墨以里处
墨如逼方毅以匡子王
猶之于芙華曻之陽加
知力生

Ⓐ《张好好诗》卷

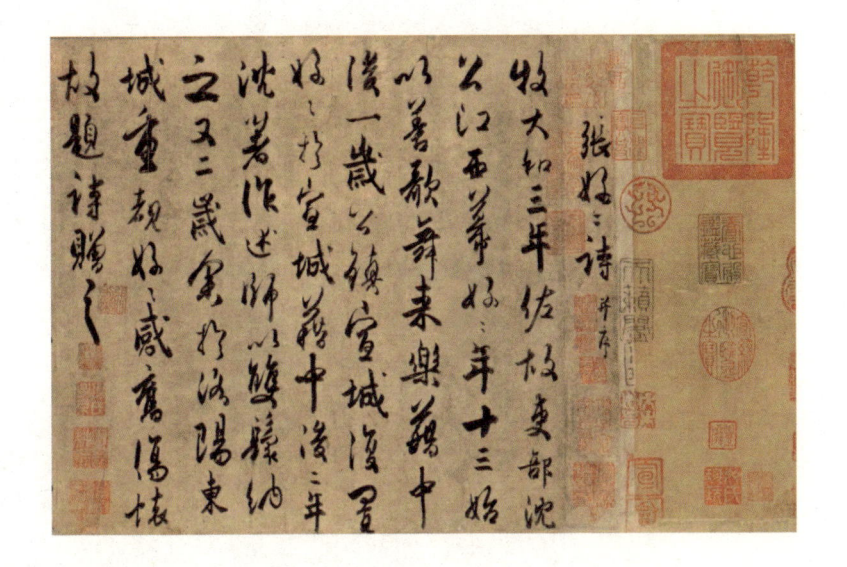

纸本，行书，唐杜牧书。现藏故宫博物院。

樊川真迹载《宣和书谱》只有此帖，为右军正宗，五代以前、明皇以后之中唐书体。而赠好好诗与杜秋娘歌久已脍炙人口，尤为可贵。

——张伯驹《丛碧书画录》

Ⓑ《平复帖》卷

纸本，草隶书，西晋陆机书。此帖为中国现存最早的法书墨迹，有"墨皇"之称。张伯驹以巨金购得，并于1956年无偿捐献国家。现藏故宫博物院。

晋代真迹保存至今，为惊叹者久之。 ——张伯驹

大同古日上渇老

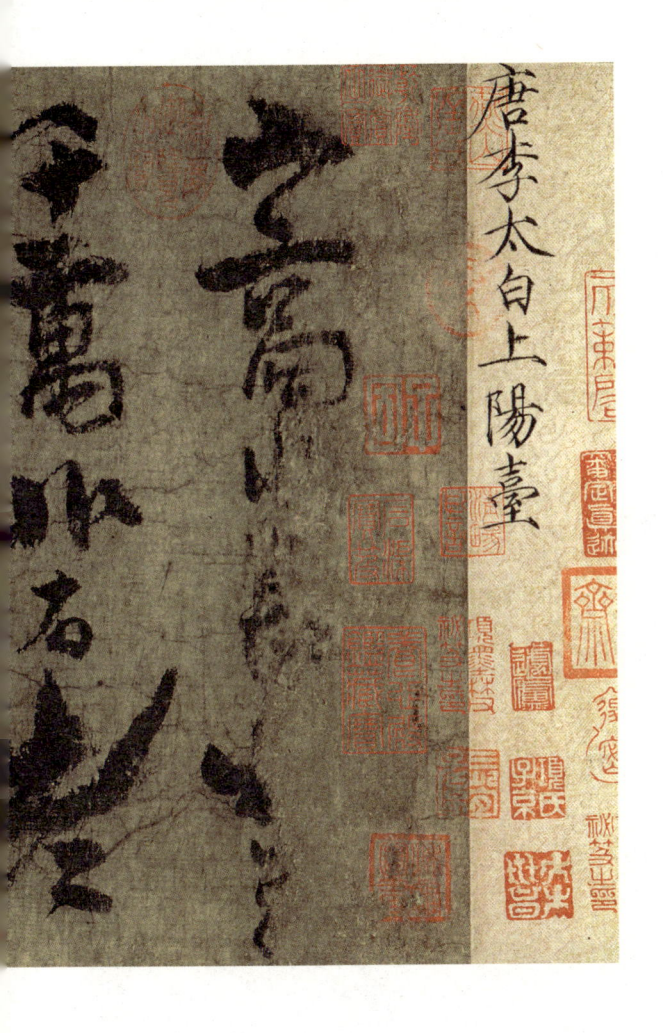

《上阳台帖》

纸本，草书，唐李白真迹。现藏故宫博物院。

太白墨迹世所罕见……墨色笔法非宋人所能拟。

——张伯驹《丛碧书画录》

皇姊大長主命題

春漪吹皺動輕瀾桃蹊李
徑葩朱綠紅攢瘦影迷遠
近綾羅動仰佃何人肯高卧
下谷韶華媚慈慈芳菲韻
纖細曾青歧碧草樹騰亞
野豔離繡被春無歲月
鵬𣪊𡎐楊柳依事筆不
憨束閒晴消苕復穎濃
綠正要君傳𣸯
前集賢待制馮子振奉

《游春图》卷

　　绢本，青绿设色，卷首有宋徽宗赵佶题签"展子虔游春图"，故历来被认为是隋展子虔作品。现藏故宫博物院。

　　是卷自《宣和画谱》备见著录，为存世最古之画迹。

——张伯驹

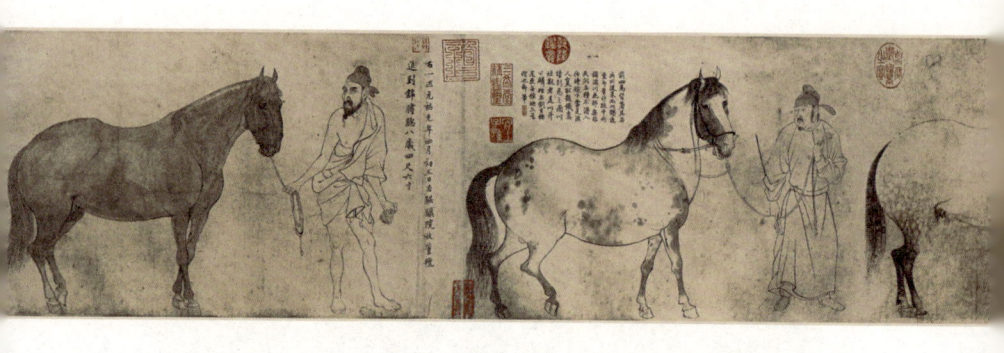

右一匹元祐元年四月初三日左騏驥院收董氈進到錦膞驄八歲四尺六寸

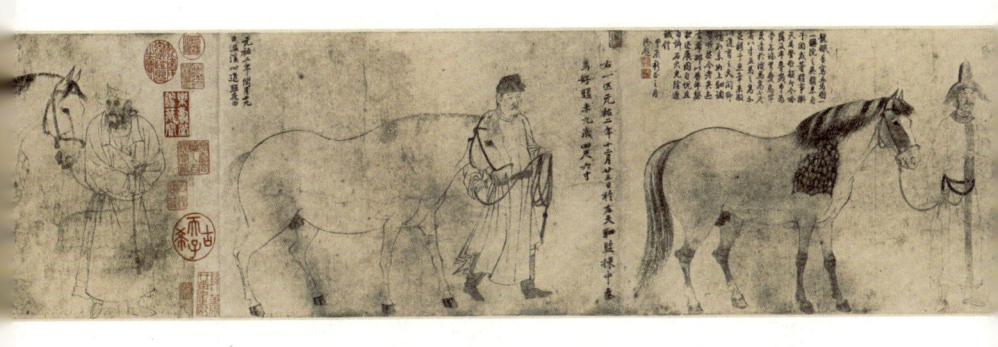

《五马图》

纸本长卷,墨笔白描。北宋李公麟作,所画为当年西域进贡的五匹名马及奚官,构成五段布局。现藏于日本东京国立博物馆。

历史并不是这个民族或那个民族的记录,甚至也不是这个洲或那个洲的记录,历史的主题是大写的人。

——罗素

十有九输天下事,百无一可眼中人。

——袁克文赠张伯驹联

目 录

上卷

1. 张伯驹的家世……1

    附 张家的科场舞弊案……3

2. 张镇芳之才干……4
3. 张镇芳之贪腐……7
4. 张伯驹的天津童年……9
5. 袁世凯罢职风波……12
6. 新学书院及师从严修……15
7. 张镇芳署理直隶总督……20
8. 民国中州第一家……21
9. 张镇芳创设盐业银行……24
10. 张伯驹元旦谒袁世凯……29
11. 张镇芳参与洪宪帝制……32
12. 张镇芳参与张勋复辟……35

13. 张伯驹毁家救父……39

14. 张镇芳痛失盐行……42

15. 张镇芳妻智氏病亡……46

16. 张伯驹的初婚……48

  附 袁克权诗二首……51

17. 张作霖相助重返盐行……52

18. 张伯驹父子与香山慈幼院……57

19. 张伯驹赴西安任职……61

20. 购置弓弦胡同新宅……64

21. 张伯驹三十自寿词……68

下卷

1. 张伯驹开始收藏……72

2. 张伯驹开始创作诗词……75

3. 张伯驹开始学戏……77

4. 以余叔岩为师……80

5. 张伯驹与奉系势力……84

   附　记杨毓珣事……90

6. 袁克文的影响……94

7. 京剧背后的银行争斗……100

8. 张余合著《近代剧韵》风波……108

9. 盐业银行与国剧学会……114

10. 张伯驹与梅兰芳……118

11. 盐业银行与逊清皇室……124

12. 《五马图》与《诸上座帖》……128

    附　记陈宝琛的外甥……132

13. 张镇芳病逝……143

14. 张伯驹任职南京盐行经理……149

    附　记段祺瑞南下事……153

15. 收藏《紫云出浴图》……156

　　附　记《紫云出浴图》之归宿……160

16. 张伯驹上海迎娶潘素……162

17. 张伯驹四十岁寿日堂会（1）……167

18. 张伯驹四十岁寿日堂会（2）……175

19. 收藏李白《上阳台帖》……180

20. 梯园诗社、蛰园律社与瓶花簃词社……184

21. 收藏陆机《平复帖》（1）……188

22. 收藏陆机《平复帖》（2）……193

23. 张伯驹贵阳会见吴鼎昌……199

24. 张伯驹原配夫人病逝……203

25. 收藏蔡襄《自书诗册》……205

26. 张伯驹上海绑架案（1）……210

27. 张伯驹上海绑架案（2）……219

28. 张伯驹与余叔岩诀别……228

29. 收藏展子虔《游春图》（1）……234

30. 收藏展子虔《游春图》（2）……240

上卷

1. 张伯驹的家世

张伯驹于1898年2月12日，即清光绪二十四年戊戌正月二十二日，出生在河南省陈州府项城县（今周口市下辖项城市）秣陵镇阎楼村。谱名家骐，字伯驹，后以字行。初号冻云楼主，30岁后改号丛碧，别署展春主人、好好先生、游春主人等。

伯驹家世寒俭，数代书香。祖父张瑞祯，字恩周，又字雨延，生年不详，1894年即光绪二十年甲午科乡试中举，未仕，1896年即光绪二十二年病逝。

张瑞祯有子张镇芳、张锦芳及女儿数人。张锦芳即伯驹生父，约出生于1874年即同治十三年，字絅庵，曾参加科举，科名不详，清末任职度支部郎中，官正五品；民国初期，出任第一届国会（1913年4月—1914年1月，众议院议长汤化龙）众议院河南省议员，旋即归隐乡间，乐善好施，热心公益，尤为乡里称道。1940年病逝后，其乡曾为其建《絅庵先生纪念碑》，称其"自清末逮至民国初元，汝南开办一切公益，得公赞助之力居多，其他排难解纷，造福于汝人者，殆不可以数计"。张锦芳还曾主持编修《项城县志》（1911年石印本），著有诗集《修竹斋引玉咏》。

锦芳妻崔氏生年不详，逝于1950年底。育有二子二女，长子家骐即伯驹，次子家骙，女月娥、月莲。月娥婚后即去世。家骙约在1925年病故，年24岁。

张月莲生于1902年5月，后更名家芬，嫁清江北提督刘永庆之子沛鸿为妻，有子女四人。刘沛鸿于1932年亡故。

锦芳另有侧室数人，其一名杨慧仙，育有一子名家骏。

张伯驹幼年过继伯父张镇芳为嗣子，改称锦芳崔氏夫妇为叔婶。

张镇芳字馨庵，又作心庵，号芝圃。生于同治二年癸亥十二月二十八日，少年师从同乡名儒余连萼，以擅作八股文著称于乡里。1885年即光绪十一年乙酉科以优廪应试，考选拔贡，同年连捷，乡试中举；1892年即光绪十八年考取壬辰科第三甲第九十一名进士，签分户部陕西司主事。1895年、1896年即光绪二十一年、二十二年相继丁母忧、父忧，回籍守孝。伯驹即出生于张镇芳在乡服丧居住期间。

1900年即光绪二十六年，张镇芳服满返京，恰逢"庚子事变"。张镇芳追随慈禧皇太后、光绪皇帝奔逃西安，次年随驾回銮，仍返户部供职。

1901年11月7日李鸿章病逝，袁世凯得以继任李职，擢署直隶总督兼北洋大臣，跃居晚清政坛高位。张镇芳有姊嫁袁世凯同父异母兄袁世昌为妻，遂以同乡兼姻亲身份及时攀附袁氏。

1902年10月即光绪二十八年九月，经袁世凯奏调，张镇芳由户部赴直隶任职，从此平步青云，渐成袁氏北洋政治军事集团之中坚人物，深受袁氏信任与重用。张伯驹家乃因张镇芳发迹而彻底改换门庭。

张镇芳妻智氏，无出，即张伯驹嗣母，1918年病殁于天津。张镇芳侧室有孙善卿、李福仙等数人，皆无子嗣。

附 张家的科场舞弊案

张镇芳考取光绪十八年壬辰科进士，该科以翁同龢为正主考官，祁世长等为副主考，孙家鼐、贵恒等为教习。同科进士中著名人物颇多，如周学铭、赵启霖、汤寿潜、蔡元培、张元济、朱家宝、沈宝琛、杨士晟、孙多玢、胡嗣瑷等，可见这一科的整体水平较高。

张镇芳父张瑞祯心尤不足，又期盼幼子锦芳也能步兄长后尘求取功名。张瑞祯亲自携锦芳参加1894年即光绪甲午科乡试，父子两人胆大妄为地公然在科场中舞弊，而且居然获得成功，岂料结果却是令人啼笑皆非。

张伯驹《春游琐谈》之《科场换卷》记：

> 先祖（张瑞祯）与先叔（张锦芳）甲午科同入场，先祖盼子功名心切，以为先叔卷无取中望，以己卷换之，榜发，先祖

竟获中。

张瑞祯自以为老练，与锦芳互换考卷，哪知弄巧成拙，反倒是自己凭借了儿子的试卷得中举人，锦芳则因用父卷而名落孙山。

张瑞祯应是为此羞惭不已，其尴尬抑郁可想而知。甲午乡试之后，张瑞祯夫妇竟相继病逝，不能不疑与此次科场舞弊失败相关。

张伯驹文中揶揄祖父云：

> 林贻书（林开谟）、袁珏生（袁励准）、冒鹤亭（冒广生）先生，皆与先祖是科同年。其实余应晚其一辈，因是余晚两辈矣，见面只有以太年伯称之。

2. 张镇芳之才干

张镇芳以同乡兼姻亲关系攀附袁世凯而于清末民初之际飞黄腾达，世人多以此诟病之，段祺瑞即曾嘲讽张为"黄带子"，其实此论未必公允。

袁世凯亲信幕僚张一麐著《心太平室集》有云，袁氏"所用无私人，族戚来求食者，悉以己俸食给月廪，不假事权"；更况袁世凯与长兄袁世昌不睦，传言曾一度失和。

袁世昌字裕五，系袁保中长子，庶出，终身在乡，耕读为生。袁世凯则系袁保中第四子，亦庶出，幼年过继袁保中之弟保庆为嗣子，随保庆宦游在外，与世昌弟兄间至为疏远。

袁世昌有子三人：克明、克暄、克智。克明字伯达，袁世凯洪宪称帝前后，曾以袁氏长门长孙资格来京讨封，寄寓张镇芳宅年余，颇为袁世凯所冷落，最终无功返乡。克暄留学美国，民国时期在外交部担任过要职，较为出色。克智情况不详。

袁世昌父子经历尚且如此，张镇芳仅以世昌妻弟而独获袁世凯另眼相看，岂非怪哉？由此可知，张镇芳亦必确有过人之处。

袁世凯之初任直督，厉行新政，创办各项事业均需投入大笔经费。袁氏因而提出，"庶政繁巨，百废待兴，而办事以筹款为先，人才以理财为亟"，其招致经济能员，较之网罗政治、军事人才更为迫切。袁氏北洋集团之理财骨干，初期代表人物包括唐绍仪、刘永庆、周学熙、凌福彭、张镇芳、孙多森、孙多鑫、王锡彤、梁士诒、毛庆蕃、陆嘉谷等，亦即北洋系财阀，张镇芳又系其中较受袁氏信任者。

张镇芳任职户部多年，擅长传统理财。其于1902年10月即光绪二十八年九月调入直隶后，先任北洋银元局会办，1903年8月受委总办永平七属盐务，颇得袁世凯赏识。在袁氏支持下，张镇芳为加快仕途步伐，1903年12月报捐候补道，一年后加捐指分直隶试用，袁氏随即对张加以奏保，奉旨交部从优议叙。1905年3月28日即光绪三十一年二月二十三日，张镇芳入京由吏部带领引见，奉旨"照例发往"直隶任职。1906年初，袁世凯再次奏请朝廷对张镇芳予以嘉奖，其《道员张镇芳请饬交军机处存记片》云：

> 查永属盐务，自道光年间改官运，废弛五十余年，久成弊

薮。臣（袁世凯）于二十九年奏准派员试办，经该道（张镇芳）悉心筹度，剔除弊窦，体恤民艰，杜绝私销，均平价值，自二十九年七月至三十年年底，已得余银十余万两；自三十一年正月至年底止，又得余利银十余万两。际兹库帑奇绌，该道竭力经营，得此巨款，洵属有裨国计。

经袁督力荐，张镇芳很快接替凌福彭，升署长芦盐运使。1907年即光绪三十三年秋，袁世凯改授军机大臣兼外务部尚书，杨士骧接署直督。相隔两月余，杨士骧以密折奏保张镇芳称：

数年前臣（杨士骧）在直隶藩司任内与之共事，即已深佩其才。该员（张镇芳）现署长芦运司，整顿引课，纲情翕然，卤务当日有起色。溯查长芦自遭兵燹，滩盐、坨盐先为俄法占踞，虽经设法以巨款赎回，而外人窥伺垂涎，时须防范。曾有日商购永属石碑场滩盐，运往海参崴等处销售，以图尝试，该员严词拒绝，得以保我利权。其从前经管沿海渔业、陆军粮饷，调度得法，综核靡遗，犹其余事。当此举行新政，百废待兴，款绌用繁，理财是亟，人才难得。若该员之精于计学，成绩昭然者，实为不可多得之员。臣知之既稔，不敢壅于上闻。

杨士骧密折奏保复隔两月余，1908年2月26日，即光绪三十四年正月二十五日，张镇芳奉旨实授长芦盐运使，官至从三品，正式跻身直隶地方大员之列。

张镇芳不负袁杨两督期许,其任职长芦期间,长芦盐税高达银五百七十万两,约居直隶全省岁收入三分之一,成为北洋集团第一经济支柱。

3. 张镇芳之贪腐

张镇芳之理财能力,既用于北洋,亦用于自家,其调任直隶仅三四年,宦囊迅速丰厚。1907年即光绪三十三年春,项城县创建百冢铺师范学堂,张镇芳捐银三万两,手笔之大,俨然富家翁矣。然张镇芳之贪腐,亦是当时官场风气。陈寅恪论晚清政局清流浊流之分云:

> 同光时代士大夫之清流,大抵为少年科第,不谙地方实情及国际形势,务为高论。由今观之,其不当不实之处颇多。但其所言,实中孝钦后(慈禧)之所忌,卒黜之杀之而后已。

又:

> 清流士大夫,虽较清廉,然殊无才实。浊流之士大夫略具才实,然甚贪污。

陈寅恪各举其代表人物云:

自同治至光绪末年,京官以恭亲王奕䜣、李鸿藻、陈宝琛、张佩纶等,外官以沈宝桢、张之洞等为清流;京官以醇亲王奕譞、孙毓汶等,外官以李鸿章、张树声等为浊流。至光绪迄清之亡,京官以瞿鸿禨、张之洞等,外官以陶模、岑春煊等为清流;京官以庆亲王奕劻、袁世凯、徐世昌等,外官以周馥、杨士骧等为浊流。

张镇芳既为袁世凯、杨士骧之政治追随者,同属浊流阵营,诚如陈寅恪所论,"略具才实,然甚贪污"。

张伯驹《红毹纪梦诗注》记杨士骧:

袁项城(袁世凯)任军机,由杨士骧继任直隶总督。杨性贪婪,极惧内,曾自为联云:"平生爱读货殖传,到死不知绮罗香"。杨尤好唱皮黄,有专司伺候之琴师。吾友陈鹤荪曾为其文案,即专陪其公余清唱者,傍晚歌声达行辕以外。杨殁于直督任,赐谥文敬。有人为联嘲之曰:"曲文戏文所以为文,冰敬炭敬是之谓敬"。

张伯驹《春游琐谈》之《嘎杂子》又记云:

杨士骧继袁世凯任直隶总督,性贪婪。时广东蔡绍基任海关道,缺至肥美。杨时恫吓之,继以谩骂。先君(张镇芳)时摄长芦盐运使,与杨为同年,尝劝之曰:"彼亦道员,时谩骂似于礼貌稍逊"。杨曰:"老同年不知也,小骂则衣裘绸缎来矣,大骂则金银器皿来矣,是以不能不骂。"

张伯驹记录略有差误,张镇芳与杨士骧非同年,而是与士骧之兄杨士晟同为壬辰科同科进士。张镇芳时署长芦盐运使,同样"缺至肥美",想来其在杨督处之花费,不应弱于蔡绍基。

4. 张伯驹的天津童年

1904年即光绪三十年冬,河南大旱,时任巡抚的陈夔龙在其所著的《梦蕉亭杂记》里记,"大河南北数千里,望雪孔殷",百姓纷纷外出投亲靠友以避灾荒。张伯驹的故乡项城县,地处豫皖交界,偏僻闭塞,人多地少,土地贫瘠,物产不丰。《项城县志》所谓"年丰则谷贱伤农,年啬则十室九匮"。遇此灾年,又值伯驹虚龄七岁,已到读书年龄,其家遂送伯驹北上,依嗣父母张镇芳夫妇居住生活。张镇芳正任职总办永七盐务,驻滦州;所以,张伯驹婿楼宇栋据伯驹生前叙述所拟的《张伯驹小传》记述说,"伯驹七岁由家乡至滦州省父"。

张伯驹《关于刘张家芬诉分产事答辩之一》亦记:

在我七岁时,我叔父(张锦芳)把我带到滦州,过继于我父亲(指张镇芳。原注:这时我父亲在滦州当盐务总办)。

次年,张镇芳报捐候补道指分直隶试用后,举家移居天津,伯驹随嗣父母住在东马路东侧南斜街寓所。其后,张镇芳升署盐运使,其长芦盐运使衙门在东门内大街北侧,即后来运署西街小学和北门里小学位置,距南斜街不远,张家遂未再搬迁。

天津是中国近代崛起城市之在北方最具代表者,工商业发展势头迅猛,人口几近百万,繁荣富庶,朝气蓬勃。张氏父子所居的南斜街及盐运使署,都处在天津最为繁华的商业街区,与故乡项城形成天壤之别。张伯驹初来乍到,抑或还带着些许乡间孩童的自卑,但是很快,又因其贵公子的新身份而迅速适应了新环境,越发倍感兴奋。

张伯驹《红毹纪梦诗注》记:

> 余七岁随先君(张镇芳)居天津南斜街,值端阳雨,乘东洋车(伯驹原注:后称人力车,铁轮,座为椅,前两木把,人于中挽之),遮油布,不能外视。车把上插黄蓝野花,以示过节。直驶下天仙茶园观戏,大轴为杨小楼《金钱豹》,亮相夺叉,威风凛凛。大喊一声"你且闪开了",观众欲为夺魂,后大街小巷齐学"闪开了"不绝。此为余生平首次观乱弹戏,至今已七十年,其印象犹似在目前也。

吴小如先生《读〈红毹纪梦诗注〉随笔》订正:

> 伯老(张伯驹)生于1898年,虚岁七岁,则为1904年。

所谓大喊"闪开了"云者,乃此戏豹精变俊扮武生之前所念,非后场开打亮相扔叉时之台词,伯老所记盖略有误。杨小楼1937年春,在北京长安戏院演《金钱豹》,乃彼最末一次演出此戏矣。大喊"闪开了"之后,穿开氅翻一虎跳下场,干净利落,精彩绝伦。刘曾复教授及王金璐兄皆藏有杨老在后台勾脸上妆照片,即是日所摄也。

吴小如亦误。伯驹回忆所云之"七岁",应系指实岁,即1905年事。但伯驹所记时间仍误,1904年及1905年之端午,京津两地无雨;伯驹之"端阳雨",应系在1906年6月27日,即丙午年端午次日,则伯驹已经实龄八岁。(另参见靳飞著《张伯驹年谱》)只是目前尚未发现有资料证明是日杨小楼在津演出,故难作最后判断。

又,伯驹所记之东洋车,兴起于"庚子事变"之后,天津全市仅有数十辆,此时尚属极为罕见。下天仙茶园,则已更名为下天仙舞台,以新式剧场为号召,安装电灯,使用布景,并非传统之京剧演出场所。

透过伯驹此段回忆,可知伯驹彼时系为天津城市之种种新奇见闻所深深吸引。包括京剧及杨小楼在内,都应以今日之流行艺术与明星视之,切不可以为伯驹乃是对于"传统艺术"发生兴趣。

张伯驹在《春游琐谈》里有《五子》:

余七岁入家塾上学,始读《三字经》,塾师命生记硬背,中"窦燕山,有义方,教五子,名俱扬"至今不忘,当时则不知其义。

此处之"七岁",不易判断为实岁虚岁;也就是说,伯驹读家塾系始于滦州抑或天津,尚无定论。事实则是,尽管伯驹童年深受天津之"新"的刺激,但其最初所受教育则仍是最为传统的。张伯驹在回忆里,多次嘲讽过昔时的塾师,足证他的兴趣并不在于"传统"。

张伯驹的童年,他在故乡项城的经历多已遗忘,其后来对于故乡更多是一种文化认同;而在情感方面,伯驹一生中不断到访天津,愈老愈加频繁。天津这座城市,对于张伯驹的特殊意义就在于,回到天津就意味着回到童年。

1973年1月,已是风烛残年的张伯驹路经天津南斜街旧宅,作有《西子妆慢》,前半阕云:

> 松墨涂鸦,竹枝戏马,隔世已成云雾。斜街门巷几斜阳,过流年,不堪重数,归来旧主。似相识,前时归燕,问平生,算出山泉水,莺迁都误。

其"松墨涂鸦,竹枝戏马"句,显然直认这段时期的天津生活就是自己的"童年"。

5. 袁世凯罢职风波

1908年11月14日,清光绪帝逝,15日慈禧皇太后逝;宣统帝溥仪即位,以溥仪生父醇亲王载沣为监国摄政王。载沣为首之晚清满族年轻亲贵政治集团,与袁世凯之北洋集团一向是水火不容。1909年1月2日,载沣以迅雷不及掩耳之势发布上谕,命袁世凯"开缺回籍养疴",随即载沣宣布自己代行陆海军大元帅职权,亲统禁卫军;载泽为度支部大臣兼盐政大臣,载洵任筹办海军大臣,载涛任管理军谘处事务大臣,荫昌任陆军大臣,军权财权悉由满族亲贵掌握。随后,满族亲贵集团开始逐步清理中央及地方的袁世凯势力,如唐绍仪、严修、杨度、倪嗣昌、梁士诒、王士珍等人,都不同程度受到排挤打击。

比较意外的是,张镇芳既与袁氏关系亲密,又任肥缺,却没有遭到迫害,顺利地把长芦盐运使职务一直保持到武昌起义前夕。

袁世凯次子袁克文对此即予公开质疑。1920年,袁克文在上海《晶报》发表连载《辛丙秘苑》,直接斥责张镇芳为"反复小人"。袁文说:

> 宣统即位,张(镇芳)度先公(袁世凯)将退休,乃亟拜载泽门,重金为贽,且以己之侵没盐款悉委诸先公。载泽喜,疏举入盐政处。先公罢政,与有力焉。内虽危害,见先公犹曰力相助也。

张家对于袁克文的指斥始终隐忍不言,直到伯驹晚年,才在所著《续洪宪纪事诗补注》[①]里批驳袁克文:

[①] 刘成禺、张伯驹:《洪宪纪事诗三种》,上海古籍出版社,1983年。

清末,项城(袁世凯)闻开缺命,即于晚车戴红风帽,独坐包车,暗去天津,住英租界利顺德饭店。直督杨士骧未敢往见,命其子谒项城,并赠银六万。先父(张镇芳)往相晤,劝项城次晨即返京,速去彰德。先父兼任粮饷局总办,有结余银三十万两未动,即以此款赠项城,为后日生计。先父在北洋,至辛亥迄任长芦盐运使,时管盐政大臣泽公(载泽),见先父谓为袁党,先父对曰:"不惟为袁党,且有戚谊。"故先父纪事诗有"抗言直认层层党"一语。后项城五子克权曾对余云,其父开缺时,五舅极为可感,但洪宪时却不甚卖力。此事项城诸子稍年长者皆知之。

　　按:杨士骧任职直督时间不长,1909年6月27日即清宣统元年五月十日即殁于任上。袁世凯潜至天津时,杨未往见,或许亦有身体的原因。袁克文与张伯驹虽各执一词,但袁世凯与张镇芳之间,当时则并未因这一事件而生嫌隙。1910年,春袁世凯在河南彰德之养寿园竣工,邀请直督陈夔龙、直隶布政使凌福彭以及张镇芳、袁世廉、王廉、吴保初、田文烈、丁象震、沈祖宪、王锡彤等亲戚友好十余人游园,赋诗唱和。袁克文将当日诗作汇编为《圭塘唱和诗》刊行于世,集中所收袁世凯所作之《次张馨庵都转赋怀见示韵》云:

　　人生难得到仙洲,咫尺桃园任我求。
　　白首论文思鲍叔,赤松未遇愧留侯。
　　远天风雨三春老,大地江河几派流。

日暮浮云君莫问,愿闻强饭似初不?

袁世凯诗既以廉颇自况,复以鲍叔赞张镇芳,皆甚贴切。鲍叔一典,更是点明袁张之间通财事实,似可视作伯驹记录之佐证。

6. 新学书院及师从严修

袁世凯罢职后居住彰德期间,始终与张镇芳保持密切联系。

1911年9月初,袁世凯命其长子袁克定送第四子克端、五子克权、六子克桓、七子克轸赴津,就读于新学书院;并持受业门生帖谒见严修,袁氏函请严修"务祈视若犹子,切实训诲,尤勿稍涉客气"。

严修字范孙,是著名教育家,袁世凯挚友。1860年即咸丰十年

新学书院

生，祖籍浙江，寄籍天津，进士及第后历任翰林院编修、贵州学政、学部右侍郎等职。1910年4月因公开上书为袁世凯抗辩而被罢职开缺，返回天津后从事教育和社会公益。1929年逝世后，天津《大公报》发表社评《悼严范孙先生》称，"就过去人物言之，严氏之持躬处世，殆不愧为一代完人。而在功利主义横行中国之时，若严氏者，实不失为一鲁殿灵光，足以风示末俗"。

严修其家本天津盐商富贾，但其以家资兴办教育，历年亏累颇多；返津后偏逢盐务风潮与橡胶风潮双重打击，处境狼狈，一时竟难以为继。严修无奈急向袁世凯求助，袁氏立即函请长芦盐运使张镇芳予以援手。仅从事后的结果来看，经张氏斡旋，严家减低损失，度过危机，严修为此亲自登门向张镇芳致谢，很是领情。从这一事件亦可看到，袁世凯肯以严修家事，托付张镇芳，仍是对张极为信赖。

袁氏送子就读于新学书院，似亦嘱托张氏就近照顾。张镇芳乃遣子伯驹同时入学，充任袁氏诸子伴读。

袁氏诸子与伯驹所就读之新学书院（TACC）系由伦敦公理会教派传教士团体创办的教会学校，位于天津法租界大沽路马家口，1953年在其原址改建天津市第十七中学。新学书院以培养英国商行雇员及海关、邮政职员为主，课程上特别重视英文，授课教师多由英国传教士担任，课程包括物理、化学、世界历史、地理、数学等。校友齐世英云："当时南开尚属草创，天津社会上一般人士对新学书院的重视还远超过对南开的注意。"

袁世凯之于教育，其对于传统科举制度固然不满，对于彼时之

新式教育亦多有批评。袁氏在为诸子事致严修函中即云:

> 适以时局日非,京津密迩,青年忧愤,易起风潮。调查南方各学校,颇乏完整,又大都传染东洋习气,多有嚣张骄矜之风。

严修所持之教育思想,一向坚持"中学为体",以"忠君、尊孔、尚公、尚武、尚实"为宗旨。袁氏既以子相托,自当是与严修有着同样的理念。

严修对于袁氏诸子甚是热心,亲与袁府家校校长徐毓生等人一

张伯驹

起为之选定汉文、英文教师，日常亦随时加以督导考察。张伯驹《续洪宪纪事诗补注》记：

> 戒酒楼，为严范孙（严修）先生别墅，昔在天津国民饭店对面。辛亥年余及项城（袁世凯）四、五、六、七诸子，同肄业新学书院，下课即在此午饭，范孙先生有时来视，并考问功课，训勉有加。

严修亦曾在日记中多次记录袁氏诸子等人的情况，其中有两次值得注意：

> 1911年10月1日　同毓生、少明、张生、袁生往实习工场，五钟散。
> 1911年10月29日　访毓生并晤袁张诸生。

《严修日记》文中之"张生"，即是张伯驹。

遗憾的是，袁氏诸子并伯驹入学不久即遇武昌起义爆发，继而因局势复杂不得不避居河南彰德，未能完成新学书院学业；但张伯驹直至晚年，犹以曾列严修门墙为荣。伯驹于《续洪宪纪事诗补注》里缅怀严氏诗云：

> 当年共立程门雪，犹忆春风戒酒楼。

严修

(《中华教育界》1935年第23卷第3期,1页)

7. 张镇芳署理直隶总督

1911年10月10日，武昌起义爆发，袁世凯迅速做出"此乱非洪杨（太平天国）可比"的准确判断，开始谋划东山再起。10月14日，清廷果然决定起用袁世凯为湖广总督，督办剿抚事宜，袁氏则多方周旋，迟迟不肯赴任。11月1日，袁氏政敌监国摄政王载沣宣布退归藩邸，袁氏被任命为内阁总理大臣。11月13日，袁世凯重返北京，全面接管政权。

1911年这一年，也是张镇芳命运的转折之年。先是于4月23日，张升任湖南提法使，官正三品，张却一直拖延未肯及时赴湘。及至袁世凯授职鄂督，张马上致函拥戴，云"前日京津纷扰，及闻宫太保督办剿抚事宜，人人欢忭，以为已有万里长城"。袁世凯则复函张氏，把自己的政治底牌交代给张，并紧急征调张氏以三品京堂衔赶赴彰德前敌，为袁办理后路粮台，亦即出任袁氏的后勤司令。

值此历史大动荡之际，张伯驹与袁氏诸子因其身份特殊，也被迫结束新学书院学业，以"小乱居城，大乱居乡"为由，被送往彰德躲避战祸。《严修日记》1912年1月22日载：

> 袁总理令甥张生来辞行。

这应是伯驹离津赴豫的确切记录。不过，据袁世凯子女们回忆，在他们抵达彰德之后，听到传言说，有人欲对袁氏家属不利，于是，袁氏子女又分批返回天津。在此一过程中，伯驹与袁氏子女皆共同行动，从此亦可知道袁张两家关系非同寻常。

1912年1月1日，孙中山在南京宣告中华民国成立，宣誓就任临时大总统；已经就任内阁总理大臣的袁世凯见时机成熟，授意其党羽借革命党人之势发动"逼宫"。1月26日，段祺瑞率北洋将领约五十人联名通电清廷，武力威迫清帝退位。2月3日，直隶总督兼北洋大臣陈夔龙见大势已无可挽回，告病开缺，袁世凯立命张镇芳返津署理直督。2月8日，段祺瑞再次率北洋将领对清廷作最后通牒，声称即将挥师北上。张镇芳即以署理直督名义领衔，率署理两江总督张勋、署理湖广总督段祺瑞、安徽巡抚张怀芝、山西巡抚张锡銮、河南巡抚齐耀琳、吉林巡抚陈昭常、署理山东巡抚张广建等，联名奏请清廷实行共和制度。在段祺瑞、张镇芳等文武官员交相施加压力之下，2月12日，即宣统三年十二月二十五日，清隆裕皇太后以宣统帝之名颁布退位诏书，结束了大清帝国二百六十余年统治。

8.民国中州第一家

1912年即中华民国元年3月10日，袁世凯如愿以偿地在北京宣誓就任中华民国临时大总统。张镇芳亦以拥立之功，享衣锦还乡之尊荣。张氏于3月15日交卸署理直督，23日擢升署理河南都督，即清之总督，10月28日实授。1913年1月10日，张氏兼任相当于清之巡抚的河南民政长，一人独揽河南军政大权，贵为中州第一家，达到其一生事业的顶点。

2月3日,张镇芳五十岁寿辰,袁世凯赠寿联云:

　　五岳齐尊,维嵩峻极;
　　百年上寿,如日中天。

这一联来历非凡,系脱胎于袁世凯五十寿辰时,北洋官报局总办丁象震所赠袁之寿联。丁联是:

　　五岳齐尊,维嵩曰峻极;
　　百年上寿,如日之方中。

丁联用康熙帝题嵩山峻极宫的"维嵩峻极"四字,颂扬出身河南之袁氏;袁世凯转以此联赠张镇芳,更可谓是意味深长。袁氏对张寄予厚望,期待张镇芳能为其巩固江东,以河南作为袁氏政权之根据地。

张镇芳踌躇满志,下车伊始,大肆镇压革命党人,压制舆论,积极扩编军队,倡导"豫人治豫",竭尽全力为袁氏安定后院。张文彬主编《简明河南史》记述:

　　张镇芳是一位旧官僚出身,思想反动,凡赞成共和、拥护革命的人物,无一不受到他的排斥和打击,而清末的遗老遗少,却受到重用,被委任为知府、知县等官。这些人"非反对共和,即残杀民党;非品行恶劣,即营利小人"(原注:《大中民报》

1912年7月19日）。他们当权后，积极破坏州县代议机构，进而捕杀革命党人。1912年7月下旬，张镇芳曾指示暴徒闯入省议会，向议员开枪射击，"登时击伤议员9人，守卫队1人，夫役1人"（原注：《自由报》1912年7月28日）。各县亦相继捣毁议会，借故屠杀革命党人。到1913年"二次革命"失败，河南被残杀的革命者和进步青年约有万人之多。他们还极力复旧，省内官场的摆设、礼仪，与清王朝时代没有什么两样。府县官员外出，依然是旗罗伞扇，高帽红衣；县令坐堂，照旧鸣炮击点，打鼓排衙；往来拜客，名片上仍写"花翎*品衔"。在都督衙门的大堂上仍加"钦命""巴图鲁"等字样。总之，河南官场中毫无民国气象，资产阶级争得的一点点民主自由，也被张镇芳破坏得荡然无存。

张镇芳的倒行逆施，滥杀无辜，尤为时论所不容；而张氏自恃有袁世凯撑腰，反是变本加厉。1912年4月，河南宝丰大刘庄农民有号称白朗者（又称白狼）带头聚众揭竿而起，标榜扶保大清，反对共和。张镇芳对起义队伍处置不当，轻率杀降，导致事态扩大到不可收拾的地步。杜春和撰《白朗传》记：

河南都督张镇芳看到这种情况，极为焦灼，他指使河南陆军第三旅旅长王毓秀改用"招抚收编"的诡计，诱骗农民队伍就范。在敌人许以官职、金钱的引诱下，杜启宾、秦椒红灯十多个首领动摇投降，先后去鲁山受抚，被敌人全部杀害。杜启宾等人被害后，他们的部众纷纷投奔白朗，使白朗这支队伍很快增加到五六百人。

在张镇芳的刺激之下，白朗部队快速壮大，至1914年1月，白朗军攻陷安徽六安、霍山，队伍总人数超过两万，战马千匹，竟成袁氏新朝的心腹大患。河南革命党人也因张镇芳之保守与强硬态度而义愤填膺，1913年7月1日组织炸毁了开封火药库，以暴力对抗张氏之暴政。

袁世凯看到张镇芳焦头烂额，已无力收拾河南局面，只得在1914年2月12日电令张镇芳离职。袁电云：

张督近为中外攻击甚力，留之适足害之，不如避位以塞舆情，于公私为两利也。

张镇芳盛极而衰，督豫两年，声名狼藉，于5月间黯然返京，此后即在政坛一蹶不振。作为其督豫的纪念，其子张伯驹后来却因这一资格，得以列名所谓"民国四公子"之一，此亦可说是张氏父子失之东隅，收之桑榆乎？

9. 张镇芳创设盐业银行

张镇芳督豫失败，袁世凯对张遂再未予重用。张伯驹以为，这是出于张镇芳不赞成袁世凯改行帝制的缘故。伯驹《续洪宪纪事诗补注》里云：

>   项城（袁世凯）为帝制，先父（张镇芳）初不赞成，彼此间至有隔膜。

张伯驹《盐业银行与我家》文里亦云：

>   由于英、德两个帝国政府，为了抵制日本独霸中国的野心，怂恿袁世凯将共和改为帝制，袁曾与张（镇芳）商量此事，张是清末的君主立宪派，对袁欲作皇帝，没有表示积极支持，故袁后来再未作封疆大吏的安排。

张伯驹关于张镇芳之记述，往往失之于为尊者讳，多不能客观，即如此处之解释，颇是牵强。平心而论，张镇芳既无治理地方经验，以其督豫经历而言，其政治、军事能力更不足以担任封疆重任。张镇芳本人似亦有此自知之明，其自豫返京赋闲期间，仍以理财为专长，以此作为路径谋求复出。张镇芳积极联络满清亲贵那桐、豫亲王福晋以及北洋故旧张勋等人，筹备设立商业银行性质之盐业银行。张镇芳的基本主张是：

第一，各盐运公司以可保证公债券，向银行借贷；
第二，专卖局遇需款时，可向该行借贷，遇有盈余，亦向该行存放，官运局亦然；

第三，证券、债券之发行付息偿还，由该行经理之；

第四，遇有改良改造之必要，需购机器，创立制造厂，得预计成本余利，呈明政府，由银行发行公债；

第五，独立营业，暂不与中央各银行相混，其范围以关于盐业上之设备改良、汇兑、抵押、存放收付为限，对于国家，亦不负担盐业以外之义务。

张镇芳的这一计划，可称是公私兼顾。公的方面，张氏非常敏锐地注意到，清末出现的银行业将成为未来发展方向，但因外国银行占有先机，实力雄厚，扼制住中国政府的财政咽喉，同时亦压制住中国民族资本的成长。中华民国成立后，改朝换代给中国的银行业带来难得机会，事实上，中国的银行业，也确实在上个世纪最初的二十年里，突飞猛进，达到了令一向骄傲的外国银行不敢小觑的规模。因此，张氏提倡之盐业银行，填补了北方无中国本土商业银行的空白；而其联合财阀与军阀合作的方式则有效推动了银行业在中国的发展进程。

在私的方面，张镇芳则是项庄舞剑，意在沛公，其目的似在借盐行攫夺政府财权。张伯驹《盐业银行与我家》文记：

> 张镇芳鉴于北方没有商业银行，乃于1915年初向袁世凯建议，拟办一个官商合股银行，由于他久任长芦盐运使，对盐务熟悉，拟将政府所收盐税，纳入这个银行里，因而取名为"盐业"。经袁批准，交由财政部执行。这时第二次任财政总长的

周学熙及其后任周自齐,均认为当时中央政府的收入,一向依靠关、盐两税;而海关以赔款的关系,税收控制在外国人手里,尚须仰人鼻息,方能得到一些款项,假若盐业银行成立,由张镇芳主持,财政总长就指挥不灵了。但这两位总长又不便违反总统意旨,在立案后,仅由盐务署先行拨交十万元,大部分官股迟迟不肯交出。

张伯驹文中时间有误。张镇芳设立盐行的计划,早在1914年10月26日即已得到袁世凯批准,由政府出面宣布将创办盐行,命张氏负责筹办事宜。然而此时袁世凯之北洋集团接近分崩离析,掌握财政权的周学熙、周自齐等人,岂能轻易分一杯羹给张镇芳,碍于袁世凯情面,只是与张虚与委蛇罢了。

1915年3月26日,盐业银行在北京前门外西河沿7号宣布开业,以张镇芳为总理,独占股本四十万元。

张伯驹《盐业银行与我家》文披露内情说:

> 1915年3月盐业银行正式成立,原来拟议中的总股款五百万元,计官股二百万元,私股三百万元。但官股实收,只是以盐务署名义投资十万元,私股有张镇芳四十万元(伯驹原注:实交三十万元),张勋十万元,倪嗣冲十万元,其他如那桐、王占元、袁乃宽、张怀芝、刘炳炎等人认股,多则八万元,少则二三万元。股款尚未缴交,就先行成立北京行。北京行由岳荣堃(字乾斋)、朱邦献(字虞生)组织;天津行由张松泉、

王仁治（字郅卿）组织；上海行由倪远甫组织。资金均由总管理处拨给。总理张镇芳，协理张勋、袁乃宽，总稽核黄承恩。由于各行均系当地金融界有号召力量的人支持其事，占用资金不多，也能应付裕如。当时总管理处因资金少，开幕时只有六十四万元，所以很不健全，各地分行各行其是。适逢那时各省督军跋扈，不听中央命令，故一般人讽刺说盐业银行是督军制，意味着各分行各自为政，不听北京总处领导。

张镇芳一意孤行创设盐业银行，但从开创初期就指挥失灵。更为严重的问题是，张镇芳对于银行这一新兴行业尚属陌生，无论是在理念还是业务方面，他都没有能够成功地实现从传统理财官员到

北京盐业银行

现代银行家的转型，这也为他日后的失败埋下了伏笔。

10. 张伯驹元旦谒袁世凯

张镇芳督豫时期，虚岁十五岁的张伯驹随父赴开封上任。张镇芳命伯驹弃文从武，入河南陆军小学校就读，意在要将伯驹培养成为后起之北洋豫系将帅，继续护卫袁氏天下。张氏父子返回北京后，张镇芳虽然计划重返财界，但对于伯驹，则仍是希望能在军事上有所建树。此时，袁世凯亦感觉到段祺瑞等北洋旧将日益坐大，不再唯袁命是从，所以接受留学日德的军事专家蒋方震建议，设立德式军事教育模式的士官学校，集中训练一批忠于袁氏的青年军事骨干。1914年10月23日，袁世凯在京成立陆军混成模范团，直接隶属陆海军大元帅统率办事处。团部设在北海，办事处在西城旃檀寺。袁世凯亲自兼任模范团团长，调热河巡防营统领兼赤峰镇守使陈光远为团副，以王士珍、袁克定、张敬尧、陈光远为办事员。第一期学员包括从保定军官学校毕业生中抽调出的二百八十人，籍贯限定为直隶、河南、吉林、奉天数省；另从全国陆军各师抽调数百人，共约千人，每期学制半年。学员分成步、骑、炮、工、辎重、机关枪等六科。袁世凯每周到模范团观操一次，并召集学员训话。侯宜杰著《袁世凯传》记：

> 为使学员成为忠实爪牙，袁世凯优给待遇，晋级提拔，让他们知恩图报。学员伙食津贴很高，身穿蓝呢制服，毕业后均

晋级升用。考试优秀的,袁世凯亲自写命令,授以侍从武官军衔。有一次他在中南海向他们训话说:"你们要认真练,好好干,将来都能带兵,前途很大,我就是从当兵出身的。"为树立绝对权威,让学员盲目崇拜、效忠自己,袁世凯还颁布军人训条誓词。誓词是:"服从命令,尽忠报国,诚意为民,尊敬长上,不惜生命,言行信实,习勤耐劳,不入会党。誓愿八条,甘心遵守,违反其一,天诛法谴。"

张镇芳对段祺瑞等北洋旧将的看法,应是与袁世凯一致。按照模范团规定,学员须年满二十二岁,张镇芳却把只有虚岁十七岁的儿子张伯驹送到模范团骑科,目的当然是要伯驹走上这条捷径。

袁世凯在张镇芳督豫失败后,仅是安排张氏担任参政院参政的

北京模范团之操练
(《东方杂志》1916年第13卷第5期,1页)

虚职，但袁世凯待张氏却并不薄。

1915年1月1日，袁世凯颁布文官官秩，从上卿至少士共分九等，张镇芳与杨士琦、朱启钤、熊希龄、张謇、钱能训、孙宝琦、梁士诒等一同被列为中卿，约相当于清之六部尚书的地位。张镇芳感念之余，即委派儿子伯驹赴中南海谒见袁世凯，名义是贺岁拜年，实则不无代父谢恩之意。这也应是张伯驹一生中唯一的一次与袁世凯正式会面。张伯驹《续洪宪纪事诗补注》回忆：

  洪宪前岁元旦，先父（张镇芳）命余去给项城（袁世凯）拜年。项城在居仁堂，立案前，余行跪拜礼，项城以手扶掖之。问余年岁，余对曰："十八岁。"项城曰："你到府里当差好吧？"余对："正在模范团上学。"项城曰："好好上学，毕了业就到府里来。回去代我问你父亲过年好。"余辞退回家，甫入门，所赐之礼物已先到，为金丝猴皮褥两副，狐皮、紫羔皮衣各一袭，书籍四部，食物等四包。时余正少年，向不服人，经此一事，英气全消，不觉受牢笼矣。

张伯驹叙述这一事件的笔法值得玩味，基本是袭用清代皇帝召对的记录格式，其内心对于袁氏之恭敬是不言而喻的。张伯驹《续洪宪纪事诗补注》之终篇，其诗云：

  乡号重瞳旧比邻，红梅共画痛姻亲。
  兴亡阅尽垂垂老，我亦新华梦里人。

此诗貌似记述其与袁克文之情谊，实亦寄寓其对袁世凯之深切怀缅，可知伯驹暮年犹未能出袁氏之"牢笼"。

11. 张镇芳参与洪宪帝制

张镇芳委派儿子张伯驹赴中南海给袁世凯拜年，2月11日是张镇芳五十二岁寿辰，袁世凯则委派第二子袁克文至北京北池子张府拜寿。张伯驹《续洪宪纪事诗补注》记：

> 洪宪前岁，先父（张镇芳）寿日，项城（袁世凯）命寒云（袁克文）来拜寿。时寒云从赵子敬学昆曲，已能登场，但不便演，介绍曲家演昆曲三场。后为谭鑫培《托兆碰碑》，时已深夜，坐客皆倦，又对昆曲非知音者，乃忍睡提神，以待谭剧。谭来后，在余室休息。雷震春任招待，与对榻，为其烧烟。谭扮戏时，余立其旁，谭着破黄靠，棉裤外着彩裤，以胭脂膏于左右颊涂抹两三下，不数分钟即扮竣登场，坐客为之一振。惜余此时尚不知戏也。

是日张宅堂会，以时任震威将军、京畿军政执法处处长的北洋宿将雷震春担任招待。演出剧目，除袁克文组织的三折昆曲外，还有荀慧生之《破洪州》、孟小茹与梅兰芳之《汾河湾》、孙菊仙与尚小云之《朱砂痣》，大轴是谭鑫培演唱做俱重的代表作《托兆碰碑》。谭氏在当时号称"伶界大王"，普通堂会戏价格都要高达五百元，张宅的酬金还应高于此数。

张镇芳并非整寿而堂会排场浩大，所费不菲，实则是在变相为即将开业的盐业银行造势。袁世凯洞察到张氏用意，乃派袁克文前往祝寿，刻意当众昭示两家交情，自是对于张镇芳的一种支持。

张镇芳投桃报李，也开始为袁世凯改行帝制推波助澜，成为帝制的鼓吹者之一。1915年8月23日，杨度、孙毓筠、严复、刘师培、李燮和、胡瑛等宣告成立筹安会，袁氏帝制谋划渐趋明朗。9月，袁世凯密令设立"大典筹备处"，以朱启钤为处长，梁士诒、周自齐、张镇芳、杨度、唐在礼、叶恭绰、曹汝霖、江朝宗、吴炳湘、施愚、顾鳌为处员，负责筹备帝制各项具体事宜。9月19日，张镇芳与梁士诒等组织全国请愿联合会，以沈云霈为会长，那彦图与张镇芳任副会长，向参政院发起总请愿，提出以"国民代表大会"投票解决国体问题。同日，张镇芳会同朱启钤、梁士诒、周自齐、段芝贵、袁乃宽、雷震春、唐在礼、吴炳湘、阮忠枢、倪嗣冲、张士钰、傅良佐、陆锦、夏寿田等袁氏近臣，联名呈请早定"大计"。

张镇芳的这些政治活动，都足以证明他是参与袁氏帝制的核心人物之一。在张镇芳等人的一片拥戴声中，袁世凯于12月19日明令改中华民国为中华帝国，随后宣布以次年即民国五年为"洪宪元年"。

袁世凯政令方出，云南将军唐继尧、巡按使任可澄即于12月23日率先发出通牒电报，云：

> 杨度等之公然集会，朱启钤等之秘密电商，皆为内乱事重

要罪犯，证据凿然。应请大总统查照前各申令，立将杨度、孙毓筠、严复、刘师培、李燮和、胡瑛等六人，及朱启钤、段芝贵、周自齐、梁士诒、张镇芳、雷震春、袁乃宽等七人，即日明正典刑，以谢天下。

电中所列"帝制祸首"，世称"十三太保"，张镇芳名列其中。唐任通电之后，蔡锷、李烈钧、唐继尧随即分率护国军三路出兵，宣布讨袁，得到全国各地响应。

1916年3月23日，袁世凯在众叛亲离的形势下，被迫宣布废除"洪宪"年号，撤销帝制。袁世凯受此沉重打击，一病不起。

侯宜杰著《袁世凯传》叙述：

1916年6月6日凌晨，袁世凯处于弥留之际，徐世昌、段祺瑞、段芝贵、王士珍、张镇芳等人匆匆赶到居仁堂袁世凯的病榻之前。徐世昌问继任人问题，袁世凯说了"约法"二字后即不能再言。上午十点，便一命呜呼了。

袁世凯之婿薛观澜《袁世凯、黎元洪结合之史实》文亦记：

民国五年（1916）6月6日袁世凯帝制失败，病情沉重，卧春藕斋，气息奄奄，已入弥留状态。（袁）克定侍疾在榻旁，袁氏召徐世昌、段祺瑞、张镇芳三人，以备托孤寄命。（中略）张镇芳曾任河南将军，事袁甚忠，与袁为至亲，当时我等皆以五舅呼之，凡小站军需以及袁家经济，悉系其手。

袁世凯临终之时，张镇芳犹守候在旁，作为袁氏遗嘱之接受者，则袁氏至死仍视张镇芳为亲信。

12. 张镇芳参与张勋复辟

袁世凯逝后，黎元洪继任民国大总统，段祺瑞出任国务总理。民国政府追究洪宪帝制祸首，通缉杨度、孙毓筠、顾鳌、梁士诒、夏寿田、朱启钤、周自齐、薛大可等人，张镇芳未被列入名单，据云系因袁克定向段祺瑞求情。但是，张镇芳深知其与段祺瑞不睦，恐段手握重权之后将不利于己。陶菊隐著《北洋军阀统治时期史话》记录：

> 张镇芳是袁世凯的四个顾命大臣之一。哈汉章是黎元洪的军事智囊之一。他们两人是清朝末年军谘府的老同事。段祺瑞生平最看张不起，经常在背后骂他是"黄带子""掌柜的"，因此，张对段的恶感很深。袁死后，张向哈放了一把野火说，"我们在项城（袁世凯）的灵前讨论总统问题时，老段反对黄陂（黎元洪）继任，是东海（徐世昌）竭力促成的"。黎听进了这句话，对段更加怀恨在心，对徐则抱有很大的好感。

陶菊隐叙述缺乏旁证，难判真伪，而张镇芳反段的政治态度则是明确的。黎元洪与段祺瑞发生"府院之争",势同水火,张镇芳寻求新的政治保护,加入到时任长江巡阅使兼安徽督军的张勋阵营。

张勋一向以忠于清室自居,仍留辫发,其军队亦号称"辫子兵"。张勋在洪宪帝制失败后,数次召开徐州会议,张镇芳积极与会表示支持,并为张提供军费。徐州会议也议及拥戴清室复辟问题。

1917年5月23日,黎元洪与段祺瑞决裂,黎令免去段祺瑞国务总理兼陆军总长。31日,黎元洪电邀张勋进京调停。6月7日,张勋率部五千人北上,8日抵天津,14日自津赴京。张伯驹在《盐业银行与我家》文中回忆:

> 张勋到天津,随后偕同张镇芳、雷震春等赴京,我随侍先父(张镇芳)在侧。在车站候车室,报贩子兜售那时出版的《红楼梦索隐》,雷震春和一行人打趣说:"不要看索隐了,我们到北京去索隐吧!"看当时情况,好像他们很有把握。

张勋等入京后即开展复辟政治活动。6月30日上午,张勋率张镇芳、雷震春等朝见清宣统帝溥仪。当晚,张勋在江西会馆观看梅兰芳演出的《玉堂春》后,返回南河沿住宅,换穿清代朝服;于7月1日凌晨再次入宫,宣布宣统帝复辟,废除黎元洪大总统职,以张勋、王士珍、陈宝琛、梁敦彦、刘廷琛、袁大化、张镇芳为内阁议政大臣。张镇芳还兼任了度支部尚书、盐务署督办。这些史实都说明,张镇芳在张勋复辟事件中,又一次成为核心人物之一。

近人许指严据当时报纸消息著作《复辟半月记》,记录张镇芳于复辟中之活动较为详细。

7月4日，张镇芳赴部接印，具折谢恩。同日，段祺瑞组织讨逆军，自任总司令，誓师马厂，讨伐张勋。

许指严记："闻张镇芳下堂谕一道，前述上谕仰各员照旧供职，并谕所有文书程式，自即日起，改用奏事体裁，并奏请铸度支部新印。该部散值仍至午后四时云。"

7月7日，讨逆军攻占丰台。许记："张（勋）军屡战屡北，几有不能支持之势。此既确凿事实，无可讳言。据政界可靠消息，本日张勋宅中，自早五时至午后二时，连开军机密要会议至五次之多。列席者除万绳栻及张勋之亲信人外，尚有吴炳湘、江朝宗、雷震春、梁敦彦、张镇芳等九人。所议何件，因防范甚严，不易探知，仅闻张镇芳担任派人诱劝讨逆军左司令段芝贵，因张与段有金兰之谊故也。"

7月8日，张勋、张镇芳、雷震春、黄承恩等奏请开去差缺。

7月9日，许指严记：雷震春、张镇芳一时匿居六国饭店，于今日出京赴津。行至丰台时，被讨逆军拿获。又，冯德麟在天津新车站被逮捕。

7月12日，凌晨，讨逆军发动总攻，张勋兵败逃入荷兰使馆。

7月13日，许指严记："雷震春、张镇芳日前在丰台被共和军（即讨逆军）拘捕。兹闻今日西车站有共和军兵士约四十名，将雷、张二人押解来京，即送至东四牌楼宪兵学校内看押。"

7月14日，许指严记："兹闻军界人等，对于张、雷深为愤恨，多主张径由军政机关宣告死刑，即日枪毙者。内有重要军人从中调停，设法转圜，拟条陈于段总司令，略谓张、雷等犯主张复辟，罪大恶极，固为约法所不赦；然克复北京，战败辫兵，军士不顾生命，勇敢善战，实属可嘉，亦应格外奖励，以鼓士气。但现在财政困难情形已达极点，政府难为无米之炊，而张镇芳等饶有资产，若将助逆之罪，折为罚金，彼等尚肯捐输巨款，以便应用，以之犒赏各军出力将士兵，为一举两得云云。此说能否成为事实，尚不得知。"

7月15日，北京政府宣布褫去震威将军雷震春、第二十八师师长冯德麟职。

7月17日，许指严记："段总理以雷震春、张镇芳、冯德麟三逆，既颁令交法庭依法严惩，应即日审讯定谳，以除奸贼。"

许指严所记，多为彼时舆论之反应，有些地方则属道听途说，

1917年7月12日讨逆军在东安门

如张镇芳与段芝贵的关系，非金兰之谊，张伯驹在回忆里亦作有说明。（参见靳飞编著《张伯驹年谱》）

13. 张伯驹毁家救父

张镇芳参与张勋复辟失败，于1917年7月9日被捕，17日移交大理院审理。张伯驹《盐业银行与我家》记云：

> 张勋逃入荷兰使馆，张镇芳同雷震春乘车回天津，行至丰台，即被段芝贵下令把他们逮捕，解至铁狮子胡同陆军部羁押。数月后，因为我父是文人，交大理寺审讯办理，雷震春和冯德麟则交军法会审。在押期间，我曾去探视，并看见雷、冯两人。他们住在三间不相通的房屋里，当时三个人表现出三种不同态度：我父表现出"世受君恩，忠于故主"，认为恢复清朝是他的职责，这样做是对的；雷震春谈话时，则气愤填膺，谩骂那些签署赞成复辟的人，反而把他们逮捕，骂那些人不是东西；冯德麟则战栗惶恐，表现出贪生怕死的样子。

伯驹记录有误，抓捕张镇芳的是时任第十六混成旅旅长冯玉祥，而非段芝贵。冯玉祥《我的生活》里记：

> 张勋看见大势已去，早已逃入荷兰使馆。他的两个谋士雷朝彦（雷震春）、张镇芳潜逃至丰台，打算上车去天津。我闻

讯，即电令留守丰台的第二团将他们扣留，拟即惩办，段芝贵却把人要了去，说由他们依法惩处。

张伯驹在文中为父开脱，说张镇芳以恢复清朝为职责，"世受君恩，忠于故主"，此亦不确。盖清亡之际，张镇芳以署理直隶总督名义领衔通电逼宫时，何以不言"忠于故主"？严复即在7月16日致友人函中议论说：

> 此番赞成复辟诸公，其未经筮仕民国者，舆论尚有恕辞；张镇芳、雷震春、冯麟阁已交法庭，恐难幸免。余如杨味云（杨寿楠）、孙慕韩（孙宝琦）辈，外间攻击甚力，可谓多此一举。

严复以是否曾在民国任职作为划分标准，区分"赞成复辟"者之能否得到社会谅解；则如张镇芳等在民国出任高官者，结局应是"恐难幸免"。严复的这一看法，正是当时大多数人的意见。

不过，也有张镇芳的一些亲友故旧为其四处奔走营救。张伯驹虽仅虚岁二十岁，却是责无旁贷，他也是从这时开始，在张家逐步有了主事之人的地位。张镇芳的友人中，最为积极者是张氏在河南的旧部王祖同。王树楠《参议院议员前广西巡按使王公墓志铭》称，"清室复辟之役，项城张公镇芳遭拘禁，（王）出死力营救之"。王祖同字讱庵，号肖庭，河南鹿邑人，进士出身，张氏督豫时期，王任河南布政使，后与张氏前后调京，同任参政。

王祖同先是紧急联络陆军第八混成旅旅长徐占凤，请他通过其

严复
(《中华教育界》1935年第23卷第5期，1页)

族侄、段祺瑞最信任的助手徐树铮，出面为张镇芳斡旋。徐占凤致徐树铮函称，"且镇芳家私百万，如能罚金爰赎，免其一死，化无用为有用；且镇芳尚无儿女，则感荷再造，不第镇芳一人已也"。徐函所表达的意思，即张家情愿以百万资财保全张镇芳性命。其"尚无儿女"语，既是指张镇芳无亲生子女，亦是一种悲情策略。前节许指严文有，"内有重要军人从中调停，设法转圜"，似即暗指徐树铮在张案里发挥作用。张伯驹《盐业银行与我家》文里也谈到，张镇芳后保外就医，移住首善医院，"徐（树铮）曾去探视他，并说了一些安慰的话"。

恰在这时，曾任国务总理的熊希龄找到王祖同。这一年的张勋复辟之乱方告平息。7月15日起，北京天津及河北地区连降暴雨半月，导致多条河流同时泛滥成灾。时任代大总统冯国璋与国务总理段祺瑞拨款三十万元赈灾，并委任熊希龄为督办，负责水灾河工善后事宜。熊氏希望王祖同说服张镇芳家助赈赎罪，张家遂以张伯驹名义捐款四十万元，竟较财政部拨款更巨。

14. 张镇芳痛失盐行

许指严与冯玉祥都曾说到张镇芳与段芝贵交好，两人甚至有金兰之谊；张伯驹则矢口否认，且对段芝贵痛恨不已。张伯驹《盐业银行与我家》文说：

> 张勋复辟失败后，段芝贵以讨逆军东路总司令兼任京畿卫

戎总司令,吴鼎昌这时任天津造币厂厂长(伯驹原注:简任官,直属财政总长),他同段芝贵、段永彬、王郅隆都是赌友,由王建议,段派吴鼎昌接受了盐业银行。段芝贵采取这个手段,是有打击和报复我父之意的。

张伯驹以为,恰是因为段芝贵与张镇芳素有嫌隙,所以段才乘人之危,痛下杀手,以盐行曾拨款二十万元作为张勋军费为由,派吴鼎昌查抄了作为张氏"后院"的盐业银行。

吴鼎昌,字达铨,1884年即清光绪十年甲申生,原籍浙江吴兴,生于四川华阳。1903年8月考取官费赴日留学,毕业于日本东京高等商业学校,回国后历任大清银行总务局局长、中国银行正监督、天津造币厂总办。其人先是受知于梁士诒,梁荐之于袁世凯,袁以"此人两颐外张,有声无音,当非纯品,吾不用之"为由,将吴弃之一旁。张勋复辟失败后,吴氏在段芝贵和时任财政部长梁启超的支持下接管盐业银行,成为吴氏一生事业的重要转折点。王芸生在遗作《回忆几个人和几件事》(王鹏整理)文里说,"吴鼎昌这个人非常精明,而且是个善于做官的人","我觉得吴鼎昌真是个聪明人"。据王芸生介绍:

> (吴鼎昌)有一段时间,每天晚上到报社(《大公报》)编辑部来聊天,看看当天外边的电报。他跟大家闲谈,不论公事,只讲新闻、国家大事、天下大事。有一次,他忽然来了兴趣,说:"你们可以考一下我的脑子,你们说一个三位数的乘

法,一个数一个数讲,你们的嘴一停,我的答数就出来了。"一考果然如此。所以说,这个人也有他的天赋。

张镇芳与张伯驹父子就遇到了这样一个厉害的对手。张伯驹《盐业银行与我家》云:

> 张勋复辟失败后的这年7月间,盐业银行在京、津、沪三地报纸刊登紧要通告,假借股东临时大会名义,推荐吴鼎昌为总理。吴改任总理后,首先从交通银行协理任凤苞、金城银行总经理周作民、中南银行总经理胡笔江三人那里,拉来三十万元作为股本,并规定账面要露出四分之一的股款一百二十五万元的数字来。但是,这时连同旧股东已交股款计算,仍然不足,于是又填出空额股票二十万元,凑足账款数字。所填空额股票,就在京行抵押,成为收足股款五百万元的四分之一的股款的象征。

同文又记:

> 吴鼎昌到盐业银行后,自封为总经理。因有一部分股款尚未交齐,即决定采取措施:第一,旧股东已认股本的,一律限这年年终交齐,否则由新股东加入;第二,增加股本,从现在起,每年增资百分之二十五,如果旧股东放弃已认股款不交,即让新股东加入。吴这样做,就是为了削弱我父亲在旧股东中的影响和权力,同时增加新股东的力量,以便于他的垄断。这

时我父亲尚有旧股十万元未交,而且正因复辟案关在狱中,自然无力交款,这样新股东就可以乘虚而入了。到了年终我父亲出狱后,仍然设法交齐了股款。

吴鼎昌深谙银行运营方式,其以增加股东及股款的办法,将张镇芳的股权加以稀释,从而加强了自己对于盐行的控制。

另一方面,吴鼎昌还指使盐行做出营救张镇芳的姿态,这一点,也最是令张伯驹愤愤不平。

张伯驹《盐业银行与我家》记:

> 张镇芳移交大理院后,盐业银行北京行经理岳乾斋未经张本人及家属同意,擅自代请汪有龄(伯驹原注:字子健)为辩护律师。大理院长是皖系姚震(伯驹原注:字次之——笔者注:应是次枝),检察长张孝簃(伯驹原注:字涤生,华北沦陷后任华北临时政府最高法院院长——笔者注:系汪伪最高法院华北分院院长)。张和汪有龄与吴鼎昌、岳乾斋均系酒友,他们串通一气,判张死刑,又经汪辩护,改为无期徒刑。值得注意的是开庭时,旁听席上出现了当时司法总长林长民和参议院议长王家襄及议员胡石青等。事后律师出庭费十万元,但不要现款,而要盐业银行股票。

张伯驹此段记录,有一份有力的旁证。叶恭绰在《我参加讨伐张勋复辟之回忆》文里也记述道:

（张勋）复辟失败后，雷震春、张镇芳赴京，途中被获，事后有人斡旋，由法庭解决，而令汪有龄为律师，酬汪十万元，藉还赌债。此类事不胜列举，此其著者。刘廷琛由西直门经京绥铁路逃回青岛，无人过问，其他若此者尚多。厥后惩办命令皆系文员，无一武人，遂成惯例，此亦纪纲不立的一大确证。

叶恭绰是彼时政坛呼风唤雨的人物，了解诸多内情。叶作为旁观者犹觉不公，张镇芳与伯驹父子，对于吴鼎昌、汪有龄大敲竹杠的做法，尤其切齿痛恨。张案结束，吴鼎昌即聘汪有龄为盐业银行法律顾问，吴、汪及岳乾斋等人之串通勾结，昭然若揭。

15. 张镇芳妻智氏病亡

张镇芳的牢狱之灾约历三月。1917年10月1日，安徽督军倪嗣冲与山东督军张怀芝等北洋将领出面，呈请民国政府对张氏予以宽免。5日，民国政府宣布，判处张镇芳、雷震春无期徒刑。宣判之后，张、雷即得保外就医，张镇芳住进北京的首善医院。另有说宣判系在11月5日，待考。张伯驹《盐业银行与我家》文记：

这年秋天，大理院对张镇芳刑决，送交监狱执行，但两天后，他们又以病为由，把张保外就医，移住首善医院。

事有凑巧，张镇芳刚刚出狱，其政治对头段祺瑞所领导的皖系势力即因兵败而下台。继皖系当政的冯国璋与曹锟等直系军阀势力，与张镇芳私交尚好，没有继续为难张。1918年2月28日，直系北京政府发布命令：

> 督军曹锟等呈称：雷震春、张镇芳历居要职，卓著勋劳，名刑书，才有可用等语，着即开释，发往曹锟军前效力。

张伯驹《盐业银行与我家》文云：

> 到年终又奉到指令发往"军前效力"，他（张镇芳）同雷震春起程前往湖北报到。到了汉口，督军王占元在督军署设宴招待，住了三天，然后回北京，转来天津，寓居在英租界马场道自己家里。

伯驹所说"军前效力"时间，应是指旧历年底。张镇芳案至此算是彻底了结。盘点张家在此次事件中的花费，只计已知的大项开支，包括资助张勋军费二十万元，捐助熊希龄赈灾款四十万元，支付汪有龄律师费十万元，这几项便高达七十万元。冯玉祥率其旅参加讨伐张勋战役，事后报销军费才仅是一万元，则张家相当于输掉七十个旅的军费。

另外，在盐业银行方面，吴鼎昌因又得到新任财政部长曹汝霖赏识，即将出任财政部次长，主持部务工作。吴鼎昌于1918年2月20日召开盐行第一次股东总会，选举那桐、张恕斋（疑为张勋之子张梦潮，待考）、刘炳炎、黄承恩、王郅隆、段永彬、任凤苞等为董事；瑞丰、张伯驹为监事；李光启、陈秉鉴、周作民为候补董事。

吴鼎昌通过新的董事会继续控制盐行，原银行总理张镇芳被排斥在外。作为补偿，张伯驹被选为监事，这是伯驹首次在盐行担任职务。

张镇芳遭遇大难，无力与吴鼎昌抗衡，只能接受这一结果，而张家之难，却尚未结束。1918年7月中旬，张镇芳原配夫人、张伯驹之嗣母智氏，因家事忧虑成疾，在天津病故。张镇芳、张伯驹父子将智氏灵柩送回故乡项城安葬。张伯驹《红毹纪梦诗注》记：

> 先母（嗣母智氏）逝世，归葬项城，由翰林王肖庭（王祖同）父挚题主，以本邑两举人襄题，本邑秀才赞礼，着襕衫，宽袖大袍，古风俨然。

为智氏夫人题主的王祖同，次年9月18日亦在北京病逝。

张镇芳经此沉重打击，一时心灰意冷，在安葬妻子后即归隐河南周口南砦西门里路北杏园别墅，偃旗息鼓，闭门不出。而今时隔百年再来回顾，原来张镇芳竟是张勋复辟事件里，除张勋外的第二大输家，落得个家败人亡的下场。

16. 张伯驹的初婚

约在张镇芳妻智氏逝前，张伯驹在天津成婚，夫人李氏出身官宦人家。寓真著《张伯驹身世钩沉》引伯驹文《身世自述》称：

> 在我七岁的时候，我父亲（张镇芳）已与我订了婚，就是我的原配李氏。她父这时也是候补道，这就是门当户对的婚姻。到我十九岁结婚，结婚之后，家庭里才知道我的原配李氏夙有疾病（原注：是没有月经），不能生育，并染上鸦片烟瘾。

伯驹此处所云的十九岁是周岁，即其虚岁二十岁之时。

张伯驹之子张柳溪口述、张恩岭整理《父亲张伯驹的婚姻》文记：

> 父亲（张伯驹）十五六岁（柳溪误记）时由爷爷（张镇芳）包办了安徽亳州一女子，她父亲姓李，曾任安徽督军。父亲的这位原配夫人，我称她为娘。爷爷给父亲办的婚礼排场很豪华，父亲的结婚礼服类似袁世凯就任总统宣誓时的元帅服，是黑呢子的，领口、袖口和大襟都镶有一指多宽的金线，肩上有金线编织的肩章，裤缝处也镶有一指多宽的金线。我娘穿的是清末民初显贵家庭的妇女常穿的那种绣花短袄和盖到脚面的长裙。

至为难得的是，关于张伯驹的初婚，其好友袁克权曾为其留下记录。袁克权是袁世凯第五子，与张伯驹同岁，字规庵，号百衲，能诗，才华不逊于其二兄克文。袁克文称赞克权说，"敏慧过人，工诗"；夏寿田以克文克权并称说，"君家兄弟尽奇才"。

袁克权诗学李贺、李商隐，著有《百衲诗集》《偶权馆诗集》《苦庐诗集》《弄潮馆诗集》《百衲诗存》《忏昔楼诗存》等多种诗集。张伯驹《续洪宪纪事诗补注》云：

> 项城（袁世凯）诸子有文采者，除寒云（袁克文）外则为规庵（袁克权），诗学李义山（李商隐）。寒云亦曾言及五弟之诗，可入玉谿（李商隐）之室。

张伯驹在袁世凯逝后与袁氏诸子往来颇多，克权诗集里有六首就涉及伯驹，例如《丁巳十二月雪后同伯驹、南田、两峰游颐和园》与《庚午日偕伯驹、南田、两峰谶于西人别墅之作》二首。丁巳十二月在1918年1月中至2月初，南田不详，两峰即袁世凯第七子袁克齐。克权诗刻画几位青年公子失落心境，尤其生动。克权另有《催妆诗为伯驹作》四首[①]，则为张伯驹初婚之纪实。其诗云：

其一
合欢锦上合欢觞，天半祥云护喜郎。
都是当年嬉逐侣，一泓春水戏鸳鸯。

其二
同心兰种闿园开，背地传觞醉绿醅。
女是扫眉班内史，恰当温子八叉才。

[①] 袁克权：《袁克权诗集》，天津古籍出版社，2008年。

其三

天生艳福凤鸾谐，坚似金钿合似钗。
此日华堂盟白首，朱门喜气溢瑶街。

其四

迷耳丝竹奏室前，香车引动降神仙。
莫羞儿女难堪语，此是人生第一缘。

从袁克权诗可知，一是伯驹妻李氏与克权亦是熟稔，"都是当年嬉逐侣"，皆为青梅竹马之幼年朋友；二是李氏容貌才华出众，"天生艳福凤鸾谐"指貌，"女是扫眉班内史"指才；三是张李婚事排场较大，"朱门喜气溢瑶街""迷耳丝竹奏室前"；四是赞伯驹才思敏捷如温庭筠。伯驹早年诗作多已不存，从克权的评价，依稀可以窥见伯驹当日秾艳华美之少年诗风。

附　袁克权诗二首

袁克权《丁巳十二月雪后同伯驹、南田、两峰游颐和园》诗[①]云：

研光散处五丁开，著此劳劳未易才。
破帽狂吟碧驴去，胡卢一笑荔枝来。
强魂地下蒙污血，黄屋千年始祸胎。
我亦鼎湖堕髯客，伤心岂独对蓬莱。

---

① 袁克权：《袁克权诗集》，天津古籍出版社，2008年。

袁克权《庚午日偕伯驹、南田、两峰谳于西人别墅之作》诗[①]云：

丈室悬留歌哭地，一家胡越喜冲和。
凌云头角徘徊久，秘彩神龙变化多。
烂烂天狼犯北斗，沉沉九域几投戈。
尘宾不接人间世，坐想灵风起大罗。

前首"鼎湖堕髯客"句，用黄帝乘龙升天故事，寄寓其对父亲袁世凯怀念之情；"破帽狂吟碧驴去"是化用李贺"谁似任公子，云中骑碧驴"句，以示对于时局之不屑。

后一首的意思则是眼看"烂烂天狼犯北斗"，当政者倒行逆施，烽烟四起，只能是期待有朝一日能够"坐想灵风起大罗"。

按：颐和园在民国二年（1913）4月对外开放，规定为每月旧历逢六日为参观日。克权与伯驹等即应系在参观日往游。袁克权娶端方女陶雍为妻，第二首似为其新婚后作。

17. 张作霖相助重返盐行

张镇芳偃旗息鼓返回河南隐居，张伯驹年轻气盛，仍望有所作为。新婚不久，伯驹即赴安徽蚌埠投奔安徽督军兼省长倪嗣冲，出任倪所统率的安武军全军营务处提调。倪嗣冲是北洋资深将领，受

[①] 袁克权：《袁克权诗集》，天津古籍出版社，2008年。

知于袁世凯，与张镇芳也是旧交，还曾得到过张氏的帮助。遗憾的是，伯驹到倪军营的时候，倪的身体状况已经很差，神志不清，无法视事，更难对伯驹予以照顾。伯驹看前途无望，仅居数月便返回京津。伯驹在蚌埠期间，爆发五四运动，其因在蚌埠而对这一重要历史事件，几乎没有留下多少深刻的记忆，但五四运动却为张镇芳与张伯驹父子带来了转机。

五四运动之后，直系军阀曹锟、吴佩孚联合奉系军阀张作霖，在1920年7月发动直皖战争并获得决定性胜利。7月29日，大总统徐世昌下令通缉皖系骨干徐树铮、段芝贵、朱深、王郅隆、梁鸿志、姚震等，段祺瑞势力基本崩溃。原本在政治上追随皖系的吴鼎昌，为避风头，以考察欧美银行制度为名，请假半年，出国游历；当然，另有一种说法是，吴系奉北京政府密令赴法国协商借款。但不论哪种情况，吴氏失去了强有力的政治后台支撑。张镇芳父子抓住了这一机会，开始行动起来。

1920年秋，张镇芳偕伯驹前往沈阳，拜会东三省巡阅使张作霖。张伯驹《盐业银行与我家》记：

> （张镇芳）秋九月从河南来天津，我随侍他到奉天（沈阳）去看张作霖，住在张的巡阅使署后花厅，大约盘桓了三四天。张作霖对他甚为亲切，每天都有宴会，饭后打麻雀，参加者除张作霖外，尚有鲍贵卿、张作相、许兰洲、汲金纯、孟恩远等轮流作陪。临别前一天晚上，饭后有一段对时局的谈话，张作相、许兰洲先走，谈话只有张作霖、张镇芳、鲍贵卿、孟恩远、

他们在鸦片烟盘旁边谈了一夜。这时张作霖正在踌躇满志，表示说："我今天不就是辽东王吗？不需要争什么。"但他忽然问我父："关里什么地方好？"张镇芳回答说："陕西省地居关中，既可雄视中原，又可控制西北，是个天府之国，那个地方如能掌握，就可以左右时局。"孟恩远接着说："兄弟！你要关里哪个地方，哥哥替你去打下来。"这时正是孟恩远在吉林失败不久，故意说这样的谄媚话。根据这次谈话，坚定了张作霖进关抢地盘的决心，原因之一是盘踞在陕西的刘镇华嵩军与张镇芳关系密切。临辞别时，张作霖委任我为奉军总司令部总稽查（伯驹原注：未受薪，无实职，只是名义而已）。我父张镇芳回天津后，住了一些时，又回周口老家去过年，以后就经常来来往往。

张作霖的资历虽浅，但以其"辽东王"的实力，已与皖系、直系成鼎足之势。当时的北京政府内部达成协定，"国家大计须先征求曹（锟）、张（作霖）而后行"[①]。可是，张作霖待张镇芳过于热情，反令张镇芳不得不以前辈自居，不好开口向张作霖求助。

时年虚龄二十四岁左右的张伯驹，初生牛犊不怕虎，索性撇开父亲，数月后自己单独前往沈阳，求见张作霖。张伯驹《盐业银行与我家》文记：

[①] 龚育之主编：《中国二十世纪通鉴：1901—1920》，线装书局，2002年版。引自1920年"8月14日曹锟、张作霖由津入京议决时局问题"条目下。

1921年4月间,我又去奉天(沈阳)见张作霖,应上次未谈盐业银行事,这时我单独和他谈到盐业银行怎样被吴鼎昌攘夺,及怎样接收改组情况。张听后大为震怒说:"我可以出来说话。"我回答:"你不是股东,怎样说话呢?"张说:"我可以入股。"于是,我把我父亲的股权让渡给张作霖五万元,他就成了股东。然后,他打电报给吴鼎昌,质问他盐业银行是张某人创办的,你非原来的发起股东,如何能当总经理,这是不合法的,我以股东资格,请你说明道理。吴接到张的电报后,托岳乾斋出来了事。岳托张勋,请他出来打圆场,在天津张勋家里谈话,参加者有岳乾斋和北京行副理朱虞生、张勋和我,谈判结果,推举张镇芳为盐业银行董事长。董事长的好处,每年除股金红利外,另有一笔红利,可分到三万多元;监事人每年可分红利四五千元;董事每月车马费五十元,每年红利可分四五千元。但是,总经理吴鼎昌,和北京行经理岳乾斋,每年除股东红利外,还可分盈余红利,都在四五万元左右。分红多少,当然要看年终结算盈余为定。这次谈判胜利,不但争回了被攘夺盐业的面子,出了这口气,而且又多得了红利,吴鼎昌从此对我们也比较客气了。这事我父亲并不知道,我回到河南报告他,他说我办得很好。从那时起,直到1933年我父亲张镇芳去世,都是以他的名义担任该行董事长。

张伯驹初出茅庐获捷,颇为欣喜,自以为颇有交涉能力;而吴鼎昌、岳乾斋、朱虞生等盐行实际管理者,也确是因此事而看到张家有后,不可再随意摆布,从此改变了对张家的态度。

然而,张家这一次的胜利,成果有限,正如伯驹所云,主要是"争回了被攘夺盐业的面子"。许宝蘅1921年6月4日记:

> 七时赴袁绍明(袁乃宽)、岳乾斋约,乾斋新居内务部街,为丛兆丹(原注:丛桂)旧宅,院落甚多,占地十亩有余,乾斋修理购价约费十万元。近岁都中土木之繁侈,为向来所未有,可惧也。①

岳乾斋新居,许宝蘅云系清末丛桂宅,今人则以为系清寿恩固伦公主府,公主为道光帝之女,其夫即咸丰帝所委顾命之八大臣之一的景寿。岳乾斋购此宅耗资十万元,手笔阔绰,足见其在盐行获利甚丰。单就收入而言,张氏父子与吴鼎昌、岳乾斋等人,却是无法比较的。

需要注意的是,张伯驹说这一事件发生在"1921年4月间",这是不准确的。

寓真著《张伯驹身世钩沉》收录一封1921年2月1日吴鼎昌关于张镇芳任董事长一事致董事会任振采(凤苞)的函:

> 振采仁兄大人阁下:
> 　　本行董事会议决公推张馨老(镇芳)为董事长,并议定自

---

① 许宝蘅著,许恪儒整理:《许宝蘅日记》,中华书局,2010年。

十年期（1921年度）致送公费数目、分配花红分数各在案，兹代拟致张董事长函稿一纸及缮正函一件，送呈誉阅。即请阁下于正函及函稿一并签名盖章掷下，以便送他董事签名盖章后封发为盼。敬颂　公绥

愚弟　吴鼎昌　启

另据《那桐日记》1921年2月2日记：

今日亥刻盐业银行董事会送来一信，公推张镇芳为董事长，大众署名签字，余已照办，即交黄承恩董事来人持回。①

从这两则文献可知，张镇芳于1921年2月初任职盐行董事长，那么，张伯驹单独求见张作霖的时间应是更早。

18. 张伯驹父子与香山慈幼院

张镇芳羁押大理院期间，熊希龄说服张家以伯驹名义捐款四十万元，赈灾赎罪，包括交通银行钞票十万元、公债二十万元和现洋十万元。1920年10月3日，熊希龄在北京开办香山慈幼院，作为灾区孤儿的救助机构。熊的夫人毛彦文在所著《往事》里记述：

---

① 北京市档案馆编：《那桐日记》，新华出版社，2006年。

香山慈幼院前身系慈幼局。民国六年（1917）九月间直隶、京兆两省大水灾，秉（熊希龄）那时在办京畿水灾河工善后事，先后救出一千名儿童，临时设立慈幼局，经费由财政部支付，民国九年（1920）扩大为慈幼院，财政部每月拨款补助两万元，成为惯例。①

毛彦文回忆云，熊氏创建慈幼局与慈幼院，系由政府财政部拨款，未及张家捐助之事。但是，张家毕竟拿出巨款，不会就此置之不理。

张氏父子在重返盐行之后，又开始找熊希龄理论。其中具体过程不详，结果是，1923年3月，经熊希龄呈请北京政府批准，张伯驹以京畿水灾捐款助赈之功获得褒奖，以简任职存记任用，授予二等大绶嘉禾章；同时命名香山慈幼院主楼为"镇芳楼"，作为张氏捐款的纪念。换言之，张氏与熊氏的交涉，仍然是只争回了些面子而已。

张氏父子和熊希龄都没有想到的是，香山慈幼院后来还曾成为中共中央的临时驻地。1949年北平和平解放后，中共中央从西柏坡迁往北平，入驻到林木葱郁，环境幽静，又有利于防控的香山慈幼院。时任中共中央副秘书长兼办公厅主任、中央军委秘书长的杨尚昆在《杨尚昆回忆录》里说：

---

① 毛彦文：《往事》，商务印书馆，2012年。

中直机关共有工作人员5500多人，香山慈幼院有一批现成的房屋可以利用，这个慈幼院是曾任北洋政府国务总理的熊希龄创办的，只要牵动一家，将房舍略加修缮，便可供中央机关使用。双清别墅是熊的住宅，可以供毛主席临时居住。

1949年3月23日，杨尚昆先行从西柏坡出发，24日黄昏抵达香山慈幼院。

当晚，我们住在山下的振芳楼。

杨的回忆录把"镇芳楼"记成"振芳楼"，这个"振芳"就是张镇芳。

1974年10月24日，虚岁七十七岁的张伯驹登香山，至慈幼院旧址，作有《临江仙》一首，序云："甲寅重阳后一日登香山，昔先君（张镇芳）捐资建香山慈幼院，余每岁往游，今衰老再至，追忆前景，感慨系之。"词云：

驹影百年身近，鹏图万里程过。不堪重看旧山河。梦随归雁去，泪似落霞多。　应笑浮生尴尬，休夸老子婆娑。含羞未醉也颜酡。新天开眼界，古井止心波。

伯驹词中的"应笑浮生尴尬"与"含羞未醉也颜酡"句，皆当是忆及前尘梦影而有所指，乃至于其心境竟是"泪似落霞多"。但张伯驹最终还是以"古井止心波"来了结了其父子两代与熊希龄之间的这桩公案。

张伯驹在重返盐行与处理香山慈幼院捐款过程中，都在积极挽回张镇芳的政治影响，试图为张镇芳恢复名誉。

1923年，张伯驹借机以张镇芳六十寿辰、张锦芳五十寿辰为名，在天津中州会馆隆重举办祝寿堂会。伯驹提前发出《征寿文启》，严修、康有为等皆有寿联及诗文应之。张伯驹《续洪宪纪事诗补注》记：

先父（张镇芳）六十寿及先叔（张锦芳）寿，余发征寿文启，记康南海（康有为）联云："述孝承先，兄弟相携，永锡难老；以忠获罪，缧绁之中，虽败犹荣。"即言先父被囚禁事也。

镇芳楼

康有为寿联所云的"以忠获罪","虽败犹荣",无疑也正是张镇芳、张伯驹父子所期待得到的政治结论。

19. 张伯驹赴西安任职

张伯驹连续做成几件事情后，正在兴头上，甚至再次跑去求见张作霖，不自量力地为老将张勋复出说项。1924年2月下旬至3月初，虚岁二十七岁的张伯驹得到北京政府的正式任命，以简任职分发陕西，出任陕西督军公署参议。伯驹为此激动不已，其《秦游词·序》回忆：

余少年从戎入秦，宝马金鞭，雕冠剑佩，意气何其豪横。

张伯驹接到任命即起程赴西安，尽管天气仍然寒冷，伯驹兴致勃勃游览华清池、八仙庵，心情格外愉快。伯驹《春游社琐谈》记：

余二十六岁时曾到西安，值正月末往游骊山华清池，逢雨雪，云雾弥漫，不见骊山顶。温汤流入园池，热气如烟，笼罩池上。池两旁迎春花盛开，景如画。就贵妃池浴，水滑真如凝脂也。次日晴霁，又游八仙庵。庵右院有玉兰树一株，高十余丈，一人不能合抱。正花时，千葩万蕊，若雪山琼岛，诚为奇观。

可是，伯驹一到位于西安东北角皇城旧址的督军公署，不禁大失所望。在公署里担任顾问、参议、谘议等闲差的人数众多，无所事事，闹得乌烟瘴气。曾任陕西督军的冯玉祥在《我的生活》里描述伯驹到陕之前的情况说：

> 当阎（阎相文）督未入陕时，曹仲珊（曹锟）、吴佩孚将所谓顾问、参议、谘议八百多人一股脑儿塞给了他，要他带在任上，与以相当安插。阎到任后，这八百"顾""参""谘"，就每天跑到督署要官要钱。那时督署每天要开五十桌酒席，以应酬他们，若以每桌十元计，仅此一项，每天就需五百元。若是取消此项应酬，势必得罪这八百大人先生，亦即得罪了曹吴；若不取消，则数万人的军食尚且不能维持，哪有力量供应他们。

到张伯驹任职的时候，陕西督军公署的情况有所好转，但如伯驹这样有些背景的贵公子，为数仍然不少。张伯驹也在自己的词作中记录彼时生活，如其《八声甘州》句：

> 忆长安春夜骋豪游，走马拥貂裘。指银瓶索酒，当筵看剑，往事悠悠。

在这样的氛围里，张伯驹虽有一定的政治抱负，亦是禁不起如此消磨。仅隔数月，1924年9月爆发第二次直奉大战，时任陕西督军刘镇华错投直系，率部出陕作战，一败涂地，刘只身逃亡山西。

张伯驹为避战乱，仓皇离陕回京，而且从此结束他们父子共同的"豫系将帅"的痴梦，再也没有考虑过在军事方面有所建树。

张伯驹在《凄凉犯·序》中回顾西安"从戎"经历时说，"壮岁入秦从戎，虽滥得勋赏，狗尾羊头，殊不抵画眉妆阁也"。其词云：

　　玉骢翠陌封侯悔，秦关忆赋离索。酒家醉饮，飞花路外，秦筇城角。残愁镇恶，向烟晚情怀淡薄。忘当年，樊川杜曲，逦迤剩荒漠。　　追念长安事，宝马貂裘，晚来游乐。少年队里，想英姿，射雕双落。误我羊头，怎还念春闺梦著。盼归期，绿尽路柳负约后。

张伯驹用"狗尾""羊头"两个典故，概括冯玉祥所描述的"顾""参""谘"群像，实在是恰如其分。伯驹之婿楼宇栋撰《张伯驹小传》云：

　　第二次直奉战争爆发，冯玉祥倒戈，曹锟下台，刘镇华战败下野，伯驹时年二十八岁（应是虚岁二十七岁）。伯驹虽厕身于官场，但十分不满军阀那套腐败生活，更看不惯上层人物那种在洋人面前奴颜婢膝，对老百姓却敲骨吸髓，彼此之间又尔虞我诈的虚伪行径，乃决心离开旧军队，辞去一切挂名差事。

楼宇栋准确地记录下张伯驹在这一时期对于旧官场的厌恶情绪。

20. 购置弓弦胡同新宅

张伯驹从西安返京后，于1925年以张镇芳名义，在北京购置西四弓弦胡同一号住宅，避世不出。弓弦胡同的住宅，原名"似园"，其旧主人曾于80年代后期以笔名"稚甫"在《燕都》杂志撰文《张伯驹似园述往》，说：

1925年，经友人介绍，割爱售予张伯驹先生。先父迁出时，将其最得力的园艺工人大李留给伯驹先生。（中略）似园坐落在西四大拐棒胡同内弓弦胡同路北一号。园的南墙贯穿整个弓弦胡同（原注：弓弦胡同路南无门，路北只此一家），园的北墙警尔胡同（原注：当时警尔胡同路南无门），东临西黄城根北街，西临大拐棒胡同，是一所四面临街的方形院落。院内分东西两部分：东部面积似大于西部，其中只一山、一池、一亭，别无建筑，但小径蜿蜒，山石嶙峋，花木扶疏，春鸟秋蛩，饶有真趣。西部西南角上是大门，可出入车马。进大门迤东有南侧厅，对面居中是一座垂花门，迎面是正厅，是一座两进的明五暗十的大花厅，厅基较高，石阶为十三级。垂花门东西两侧有抄手游廊，北转后，廊基逐渐升高，至正厅前廊衔接。院内无东西厢房，东面游廊开有什样锦窗户，从窗棂中依稀可见东园景物。正厅石阶左右有西府海棠四巨株，院内西南隅有凉亭一座，东南隅有牡丹一坛。从正厅东西两侧往北可至后院，院内有后罩房。似园轮廓，大致有如上述。

张伯驹对这座新宅十分满意，他听说此宅更早是清末大太监李莲英的别墅，借题发挥，作有《多丽》词一首：

禁城偏，园林旧属中官。仿宫家，飞廊架宇，翠华传驻云骈。走黄尘，门喧车马，拥绦雪花压栏杆。骄宠谁伦，恩荣无比，当时炙手焰熏天。自弈局，长安换劫，人世几桑田。空留得，堂前旧燕，解话开元。　又今日异时新主，吟俦重续词坛。绿天深，风摇蕉扇，红日晚雨打荷钱。梦影难留，芳尘易逝，袯愁长应近樽前。更休再，歌骚谱怨，且共惜余欢。人归后，斜阳在树，酒醒鸣蝉。

张伯驹所谓"李莲英别墅"之说，实无确凿证据。李莲英之赐宅在中南海北夹道，另有房产若干处，但未见有关弓弦胡同的记录。伯驹宅第，从位置上看，更似是清末为隆裕皇太后所建的"南花园"；所谓"传驻云骈"，当系指隆裕故事。

张伯驹购置弓弦胡同新宅，准备开始新的生活。他的原配夫人李氏，婚后留在天津家中居住。伯驹在1921年纳大鼓艺人小白莲为侧室，取名邓韵绮，陪伴他住在北京。

张柳溪口述、张恩岭整理《父亲张伯驹的婚姻》文介绍：

我大妈（邓韵绮）当年是唱得好的京韵大鼓艺人，我上大学时她已经四五十岁了,仍断不了哼唱几句。她的长相不算娇艳,也不太善于打扮自己,穿着绸缎衣装也不比别人更美,当年主要是唱红了的。她到底是出身贫寒,所以很会料理家庭生活,她能把我父亲(张伯驹)在北京的生活安排得很好,北京家里的管家和厨师也能按照我父亲的需要随时侍候,做出令我父亲满意的丰盛菜肴。

我大妈虽然不是很圆滑,但是也能处理与各方人士的关系,当时在北京的各种场合都是她陪伴我父亲,和我父亲来往密切的人都知道她。

邓韵绮初嫁伯驹,两人也曾有过一段比较恩爱的生活。伯驹词有《新雁过妆楼·七夕北海游宴》,似即为邓韵绮所作。其词云:

斗汉高寒,银湾渡、佳期再度今年。解歌长恨,箫凤试奏连环。花倚交鸳桥影外,镜浮画鹢水光间。醉无眠,碎珠露湿,长夜栏杆。　　兰舟珠灯宴乐,看晕脂秀靥,舞袖便娟。怨弦如诉,飞鸿不寄遥天。年时梦尘回首,怕容易、秋风吹鬓鬟。铜琶响,唱念家山破,休怅飘鸾。

推敲词句,应是听大鼓名段《剑阁闻铃》后有感而发,即当是受到邓韵绮演唱的感染。张邓还曾于1934年春同游江南,伯驹留有词作,如《丛碧词》里的《鹧鸪天·为惜疏香此小留》等篇。

张伯驹立像

21. 张伯驹三十自寿词

　　张伯驹纳邓韵绮之后，1926年2月又纳一侧室，苏州人，年仅十七岁，取名王韵缃。1927年，王韵缃为伯驹生下一子，取名柳溪。
　　寓真《张伯驹身世钩沉》引伯驹《身世自述》记：

　　　　到我二十七岁（此处系实岁），我兄弟（伯驹原注：我叔父之子）病故，两门只我一子，我父亲催我再纳妾，并指示以生育为目的，不论才貌，要身体肥壮。由盐业银行副经理朱虞生介绍了王韵缃。本来介绍的有两人，王韵缃是其中之一，因为朱虞生的同居与王韵缃之母是朋友，那一个就没叫她与我见面，力促王韵缃与我的成功。是年就与王韵缃实行同居，于我三十一岁时生了一子。这时我叔父（张锦芳）的同居杨氏也生一子。一个大家庭共居一处，大家都是享受懒惰，有鸦片烟瘾的就有十人之多。

　　寓真著《张伯驹身世钩沉》又引王韵缃于1952年1月15日向法院提交的离婚诉讼状云：

　　　　原告王韵缃，娘家父亲行医为生，因生活困难，无可奈何之下，由我母亲牵领到北京，寄居姑母曾姓之家。俟后又因姑母家境亦感困难，故不得已之下，将我终身许与被告张伯驹。

在我十七岁的那年，经盐业银行副经理朱虞生介绍，与张伯驹双方见面后，张伯驹甚为同意。遂于1926年2月2日，与张伯驹结婚，寄居于北京帘子胡同。张伯驹声明，暂且在此居住些时，再去天津回到家庭里同居，并赠与我母亲三千元，我即与张伯驹在京过活半年，后搬进天津家庭同住。

1927年生下我子，以后我丈夫遂对我冷淡，以致置之不理。我过在旧社会里，只有忍受。又因已有了儿子，并且公婆待我很好，所以总还希望他能回心转意。但是，他竟完全置我于不顾。如此有名无实的夫妇生活七年之久。

张伯驹与王韵缃之子张柳溪后来也有回忆，张恩岭为之整理成文《我父亲张伯驹的婚姻》，其文记：

我妈是苏州人，我姥爷从家乡外出做工，在北京安了家。我父亲（张伯驹）经过大中银行职员的介绍（柳溪所述不确）看中了我妈妈，就在北池子一带弄了一套小院（应是帘子胡同），给我姥姥一笔钱，娶了我妈。他给我妈起名叫王韵缃，不久以后我妈妈就怀孕了，我爷爷奶奶早就盼望有个孙子，知道我妈妈怀孕后，就把我妈接到天津家里与我爷爷奶奶同住。妈妈生下我之后，爷爷奶奶为了让妈妈照顾好我，也为他们能看着我长大，就没有再让我妈回北京，而是留在了天津家里，留在了爷爷奶奶的跟前。

我妈生长在一个比较贫困的家庭里，家里主要靠我姥爷干活来维持生计。在这个家里,父母关爱女儿,姐妹互相关爱照顾,女儿孝敬父母、听父母的话,一家人共患难来维持全家的生活。我妈妈在嫁给我父亲之前没有真正接触过社会,也没有社会上那些市侩气,不懂得阿谀奉承。她从小养成的习惯是老老实实,尊重孝敬长辈,关爱体谅同辈。她对任何人都老实、实在,办什么事都考虑别人的需要和利益。到天津家里和爷爷奶奶生活在一起,她仍然是这样的性格。

张伯驹家人丁不旺,张镇芳、张锦芳兄弟均纳妾五六人,两房子嗣却仅二三人。伯驹生子柳溪前后,其生父张锦芳也得一子,取名家骏。张家连添两丁,应是欢喜非常。

张伯驹与王韵缃之关系如何暂且不论,伯驹完成生子之责,生活愈加安逸,遂专在盐业银行任职,不再作非分之想;而所谓在盐行任职,也只是为银行开展一些公关活动,并不过多参与银行业务,虽是清闲自在,难免空虚无聊。

张伯驹《盐业银行与我家》文记:

>1926年,北京行副理朱虞生调任上海行经理,王绍贤成为北京行重要角色,其后张作霖盘踞北京时代,王绍贤利用我和奉系的关系,同奉系军阀来往,拉拢存款。

>1927年初,北京流行起伤寒、霍乱和天花等瘟疫,死者甚众,城市气氛至为压抑。2月23日,伯驹虚岁三十岁生日,作有《八

声甘州·三十自寿》词，检讨以往，明其心迹，句句皆是觉悟。词云：

几兴亡无恙旧河山，残棋一枰收。负陌头柳色，秦关百二，悔觅封侯。前事都随逝水，明月怯登楼。甚五陵年少，骏马貂裘。　玉管珠弦欢罢，春来人自瘦，未减风流。问当年张绪，绿鬓可长留。更江南、落花肠断，望连天，烽火遍中州。休惆怅，有华筵在，仗酒销愁。

其首句"几兴亡无恙旧河山，残棋一枰收"，化用的是杜甫《秋兴八首》里的"闻道长安似弈棋，百年世事不胜悲"，恰是当时混乱政局的写照。在这样的时局里，"封侯"与"骏马貂裘"，都无甚意义。张伯驹向往仿效南齐张绪，美风姿且具高品行。《南齐书·张绪传》记：

（张）绪美丰姿，清简寡欲，口不言利，但吐纳风流，听者忘倦。益州献柳数株于武帝，时芳林苑始成，帝以之植于灵和殿前，常玩赏咨嗟曰："此杨柳风流可爱，似张绪当年时。"

张伯驹把张绪作为人生榜样，决心开启新的生活态度与生活方式。

（上卷终）

下卷

1. 张伯驹开始收藏

张伯驹决意放弃其政治理想以及在军事方面的追求，告别"五陵年少，骏马貂裘"的旧日生活，改以收藏中国书画、创作古典诗词以及学习演出京剧作为新生活的主要内容。

张伯驹的书画收藏，最开始的藏品是清康熙帝墨迹。张伯驹《丛碧书画录》记有：

清康熙书横幅

纸本。书"丛碧山房"四字，笔宗柳法。任丘博学鸿词庞垲号丛碧，此或赐庞氏者。为予收蓄书画之第一件，而予所居好植蕉竹花木，因自以为号。

清康熙书横幅

描金黄蜡笺纸。书"嵩高峻极"四字。此为嵩山峻极宫匾额原本。

这两件康熙墨迹应是同一时期收藏,可能时间上略有先后。张伯驹因而将弓弦胡同新宅改名"丛碧山房",自己亦改号"丛碧",可见此两幅藏品对于伯驹有着特别的意义。

张伯驹所云"予所居好植蕉竹花木",只是一句托词,不可轻信。"丛碧山房"一幅,重在庞垲身世。庞垲,生于1657年,殁于1725年,字霁公,号雪崖,河北任丘人,中举后又以博学鸿词授翰林院检讨,历任内阁中书、工部主事、户部郎中、福建建宁府知府等职。《清史稿·列传二百七十一》之《庞垲传》记其早年故事云:

> (庞垲)生有至性。七岁时,父缘事被逮,母每夕祷天。垲即随母泣拜,无或间也。

另有清人笔记称,庞垲父入狱,其母忧愤而亡。年仅七岁的庞垲哀恸欲绝,感动街巷邻里,众人帮助庞垲将母殓葬。

庞氏幼年际遇,恰是暗合伯驹赎父葬母经历。伯驹以"丛碧"为号,既是以"当世庞垲"自居,亦是以志其自身惨痛家史。

"嵩高峻极"一幅,主要是与袁世凯赠张镇芳寿联相关。无论是袁世凯五十大寿,还是张镇芳五十大寿,都曾以此典入联贺寿。岂料在袁世凯逝后,张家败落之时,偏是张伯驹独获康熙帝题字原件,反成莫大的讽刺。

康熙帝的"丛碧山房"与"嵩高峻极"两幅墨迹,书法均非上乘,唯其对于伯驹之价值,几乎无可替代,冥冥之中,如天注定。

张伯驹《丛碧书画录》云:

予生逢离乱,恨少读书。三十以后,嗜书画成癖,见名迹巨制,虽节用举债,犹事收蓄。人或有訾,笑焉不悔。

伯驹说三十岁以后开始收藏书画,又以康熙帝"丛碧山房"为第一件藏品,自云"人或有訾,笑焉不悔",颇有"不足为外人道也"的意味。其个中复杂情感,也确是不了解伯驹家世者所无法理解的。

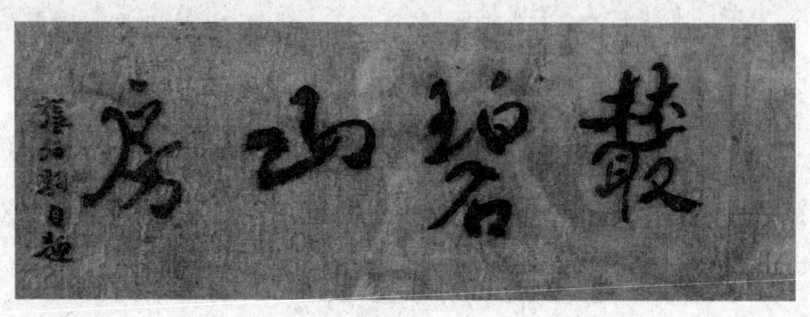

丛碧山房

2. 张伯驹开始创作诗词

张伯驹《无名词·序》云:

  自三十岁学为词,至庚寅(1950)后,二十年有集《丛碧词》。

张伯驹少小即有才名。楼宇栋、郑重编《张伯驹生平简表》记:

  1906年学会作诗,诗作被编入张镇芳、马丽轩等组成的"丽泽诗社"所编的《丽泽社诸家诗》。

张恩岭著《张伯驹传》[1]亦记:

  张伯驹聪慧异常,有着惊人的记忆力,朝夕诵读,过目不忘,9岁即能作诗。……有太康人士,曾于清光绪年间任过翰林院庶吉士的王新桢,曾在《丽泽社诸家诗》一文中写道:"伯驹,絅庵(原注:即张镇芳)之子,丽轩之甥也,英年挺出,直欲过前人,若《从军行》《天上谣》等作,激昂慷慨,魄力沈雄,有倚天拔地之慨。虽老于诗者,未必能办。丽轩称其:素有大志,诗文皆豪迈可喜。信然哉。"可惜伯驹少年诗作未能保存下来。

---

[1] 张恩岭:《张伯驹传》,花城出版社,2013年。

张恩岭注絧庵为张镇芳是错误的，应是伯驹生父张锦芳。此两则皆记伯驹虚岁九岁时事，伯驹诗作有《续洪宪纪事诗》及《红毹纪梦诗》传世，信手拈来，流畅自然，非有扎实幼功不能如此娴熟，可证伯驹极早即开始作诗。

王新桢评伯驹幼年诗作，云"激昂慷慨，魄力沈雄，有倚天拔地之慨"，恰可与伯驹《续洪宪纪事诗补注》里自称少年英气"向不服人"语相印证。

袁世凯洪宪称帝失败后，张伯驹则应受袁五子克权等人诗风影响，转以闺情绮怨为主题，忧郁颓废，袁克权《催妆诗为伯驹作》中即曾以温庭筠喻伯驹，可知伯驹诗风不同以往。张伯驹自云"自三十岁学为词"，实际是改以填词为主，其词风也是沿着温庭筠风格转换过来的。伯驹自悔少作，三十岁之前的作品，基本未编入诗词集中；《丛碧词》里间或有数首，混杂其间，不易辨别，其余皆已散佚。其三十岁后之词，则情韵兼具，真挚自然，浑然天成。

周汝昌在《张伯驹词集》的序言中评论说：

> 伯驹先生的词，风致高而不俗，气味醇而不薄之外，更得一"整"字。何谓"整"？本是人工填作业，而竟似天成；非无一二草率也，然终无败笔。此盖天赋与工力，至厚至深，故非扭捏堆垛、败阙百出者之所能望其万一。如以古人为此，则李后主、晏小山、柳三变、秦少游，以及清代之成容若，庶乎近之。这种比拟，是论人之气质，词之风调，而不涉乎其人的

身分经历之异同。就中晏小山一家，前人谓其虽为贵公子而有三痴焉，语绝可思。我以为如伯驹先生者，亦曾为公子，亦正有数痴，或不止三焉。有此数痴，方得为真词人，而所作方是真正词人之词。

周氏引晏小山（晏几道）之痴，典出黄庭坚《小山词序》，黄云：

> 余尝论叔原（晏几道）固人英也，其痴处亦自绝。人爱叔原者，皆慍而问其旨：仕宦连蹇，而不能一傍贵人之门，是一痴也；论文自有体，不肯作一新进语，此又一痴也；费资千百万，家人寒饥，而面有孺子之色，此又一痴也。人皆负之而不恨，已信之终不疑其欺己，此又一痴也。乃共以为然。

周汝昌为张伯驹之忘年友好，相知甚深；其以晏几道喻伯驹，既是论伯驹之词，亦是论伯驹其人。

3. 张伯驹开始学戏

楼宇栋《尘劫难移爱国志——泪忆岳父张伯驹》文引刘海粟语云：

> 丛碧词兄是当代文化高原上的一座峻峰。从他广袤的心胸，

涌出了四条河流，那便是书画鉴藏、诗词、戏曲和书法。四种姊妹艺术互相沟通，又各具性格。堪称京华老名士，艺苑真学人。

在张伯驹书画鉴藏、诗词、戏曲、书法的"四条河流"之中，戏曲发端最早，但伯驹却是直到从西安回京后，才真正涉足其中。张伯驹《我从余叔岩先生研究戏剧的回忆》文记：

> 我二十八岁那年，请了余（叔岩）先生的琴师李佩卿给我说戏，在一年的工夫里，我学会了很多出余氏的戏。

李佩卿，字玉森，山西人，1897年生，比伯驹大一岁，是一位极有才华的京剧音乐家，与京剧艺术家余叔岩合作可谓是珠联璧合。

余叔岩，本名第祺，1890年即清光绪十六年庚寅出生于京剧世家，初以"童伶"名世；1915年拜"伶界大王"谭鑫培为师。1916年谭鑫培病逝后，京剧界形成杨小楼、梅兰芳、余叔岩三大巨星并驾齐驱之势。杨小楼是谭氏义子，以武戏为号召；梅兰芳工旦角，袭用了谭氏"伶界大王"的称号；余叔岩的走红，晚于杨、梅，但因为他与谭鑫培同属老生，因而被视为谭氏艺术最重要的继承者，后来还形成了他自己的"余派"，至今仍被京剧界的老生行当奉为圭臬。当时即有评论说：

> 叫天（谭鑫培）之歌喉，融豪放于轻清，而出之以浑成，

随意拈来，无不协律。此能通神明于规矩，盖非尽出诸学力者，前乎叫天未之或闻其著胜者，各执其所以制胜之道，为轻清、为豪放，而叫天能熔铸之以天赋之音，假以熔铸之力，故负绝代之盛名，开千秋之宗派。后乎叫天者，亦叔岩一人而已。行腔运字，一加考据。虽剧本繁简，嗓子高下，或有不同，而秉诸调发乎音者，则庶几及之。叫天在，宗叫天；叫天亡，则叔岩亦得其衣钵，非彼袭取鳞爪者所可同年而语矣。

（灵山《论余叔岩》）

余叔岩于1923年组织同庆社，次年更名胜云社，步入其鼎盛时期。也正是在这一阶段里，余氏得到李佩卿的鼎力相助。著名京剧研究家孙养农在《谈余叔岩》中谈道：

> 李佩卿之佐早年余氏（余叔岩），就能将他盛年时代的冲劲，发挥无遗。李氏的胡琴能包能随，忽领先或宕后，有时黏合一气，有时奇峰突起。（中略）而他的托腔忽单忽双，点子能花能简，总是恰到好处。其他尺寸之徐疾得体，手音之准，弓法之顺，使唱的人舒服，听的人痛快。最妙的是能把琴音使出和余氏嗓音一样的沉着古朴，铮铮然而略带沙音。

可以说，在彼时除余叔岩外，李佩卿要算是教授余叔岩艺术的最佳人选。张伯驹是在余叔岩最红的时候迷上余氏艺术，兼之李佩卿的精心指导，伯驹对京剧的爱好迅速达到狂热程度。

张伯驹《红毹纪梦诗注》记：

某岁张作霖与冯玉祥军战，冯军撤南口，张军入京，城关车站皆驻兵。时叔岩在开明戏院演《托兆碰碑》，余自天津来京观戏。津至京车为下午四时余，因军事误车，至八时始开行，至东便门已十时，车站已驻兵不得入。忽见河南岸来一车，乃余司机见车站不能入而径来此接者，即过河上车直去开明戏院。始入座，正唱"金乌坠玉兔升黄昏时候"第一句导板，亦巧矣。

按：1924年10月23日，冯玉祥发动"北京政变"，控制住北京局势。张作霖则系于1925年5月底率部入关，次年与冯军交战，冯军退守南口。如果伯驹的记忆无误的话，其观余叔岩剧事即是在1926年，伯驹实岁二十八岁。

张伯驹在1915年张镇芳寿日堂会亲见谭鑫培扮戏时，还是"惜余此时尚不知戏也"。相隔十年，其已不辞辛苦，不畏战乱，从天津赶至北京观看余叔岩的演出，前后判若两人。

4. 以余叔岩为师

李佩卿很快把张伯驹带进京剧的门槛。伯驹《我从余叔岩先生研究戏剧的回忆》文里说：

我三十岁时，彩唱了《二进宫》《空城计》《八大锤》三出戏。

这三出戏就应该是来自李佩卿的教授。但是，李佩卿吸食鸦片，烟瘾极大，花销也大，不得不四处给人说戏，增加收入。结果不仅坏了自己的名声，也连带着影响到余叔岩的声誉。余叔岩为此与李佩卿闹翻，几乎要动起手来。余叔岩自己找到张伯驹，表示愿意亲为伯驹说戏。张伯驹《我从余叔岩先生研究戏剧的回忆》文记：

> 一个堂会上，见到了余（叔岩）先生。他对我说："我们凑凑，你学什么戏，我给你说。"这次我们一见如故，第二天我就到椿树胡同头条他的家看望他，至此我不断向他学习他的戏剧艺术。

余叔岩一向很少收徒传艺，其门下弟子，可以概括为"三小四少"。"三小"是小小朵即杨宝忠、小谭即谭富英和孟小冬；"四少"是吴少霞、王少楼、陈少霖、李少春。这些弟子中，又只有号称"冬皇"的孟小冬得到余氏真传最多。京剧票友里，能够得到余叔岩指点的，更是寥寥无几。余叔岩待张伯驹，不仅主动，而且较之教授孟小冬更为认真细致，时间长久，这真是张伯驹的不世之遇。

从张伯驹的角度说，向余叔岩学戏亦须具备一定勇气。当时社会风气仍然保守，尤其是在旧式大家庭里，正如孙养农之弟孙曜东所言，"老一辈人虽喜欢看戏，但仅作为消遣，看热闹，骨子里对唱戏人是看不起的，因为那时的唱戏人社会地位很低，都是穷孩子，家里养不起了，才送到富连成戏班去学戏的"①。一般家庭更是反对子女与戏剧演员来往，担心跟他们"学坏了"。

袁静雪也曾回忆说，其父袁世凯逝后，二哥袁克文在北京演出昆曲，大哥克定听到消息后大怒，以为"玷辱家风"，居然通知警察总监派人去抓克文。袁克文则叫来青帮的徒子徒孙，把守剧院前后门，不让警察进去。②

余叔岩

---

① 孙曜东口述，宋路霞编：《浮世万象》，上海教育出版社，2004年。
② 袁静雪：《我的父亲袁世凯》，文史资料出版社，1981年。

张伯驹向余叔岩学戏，应是同样遇到过阻力，其《续洪宪纪事诗补注》即记：

余表叔高采臣者，人殊鄙俗，与余不相能；余喜演剧，又饰老生，高乃谮于先父（张镇芳）曰：彼实应为将帅，做大官，但因演戏，破坏了风水。

不知张镇芳、张锦芳等家中长辈，是否曾因此而干涉过伯驹学戏；但张伯驹学戏的决心没有动摇过，而且异常刻苦，超过他做其他任何事情。张伯驹《红毹纪梦诗注》记：

余三十一岁从余叔岩学戏，每日晚饭后去其家。叔岩饭后吸烟成瘾，宾客满座，十二时后始说戏，常至深夜三时始归家。次晨九时，钱宝森来打把子，如此者十年。

这里伯驹所说的开始学戏时间似不够准确，尚待详考。
余叔岩与张伯驹的好友孙养农也在《谈余叔岩》书里评价说：

他（张伯驹）跟余氏结交之初，对戏剧完全是门外汉，大概连西皮二黄都分不清楚，所以开蒙就是余氏。他跟余氏交游有二十年之久，对于文武昆乱，都下过相当深的功夫，会的戏也相当的多。因为他生性沉默寡言，每次到余家去，如果不学戏，就在烟铺上一躺，像徐庶进曹营一样地一言不发，别人也都知道他的脾气，所以也不多同他交谈或寒暄，由他闭目屏息地躺在一旁，听别人的谈笑，或者余氏调嗓说戏。受这样熏陶日子一多，加上耳濡目染，所以唱出来，很有几分是处。虽然因为天生嗓音的关系，不能运用自如，但是在余派票友中，当然是老前辈了。所以我常说，无论伯驹唱的工尺是否跟叔岩所唱的有些出入，总之一开口就是余氏的韵味，是无可讳言的。

吴小如《说余派传人》文说：

　　在北方的票友中，学余叔岩学得最直接、最标准、会得最多，路子也正的，应推张伯驹先生。他以贵公子身分同叔岩相交十年，通过丰厚的束脩、虔诚的礼教和深挚的友情，才从叔岩学到了一些"掏心窝子"的本领。可惜伯老天赋条件太不理想，又是半路出家，故其表达能力与其所知所能的差距太大。

包括孙养农、吴小如在内的京剧的内外行，都一致承认张伯驹是余叔岩艺术的正宗传人；张伯驹能够取得这样的成绩，在京剧界可以称是一种奇迹。

5. 张伯驹与奉系势力

　　众所周知，张伯驹学戏，"天赋条件太不理想"；那么，作为京剧一代宗师的余叔岩，何以还要费尽周折亲自为张伯驹说戏呢？

究其原因，除了替代李佩卿的因素外，首先是吴小如所谓的"丰厚的束脩"。余叔岩亦如李佩卿一样吸食鸦片，但不像李那样没有节制。较鸦片更为严重的是，余叔岩从很年轻的时候就开始便血，反反复复，并且病情逐步恶化。余叔岩之女余慧清《忆父亲余叔岩》说：

> 父亲二十余岁时，每遇演出过累，小便即带血，经手术后有过一个较长时期的稳定。他的病情在续弦后逐渐加重，最初只是排尿不畅，时而带血，特别是在湖北演赈灾戏《打棍出箱》后更加厉害。

余叔岩在1925年6月曾经接受过一次治疗，住院两月，经诊断为肺病及膀胱肿瘤。这次治疗的效果尚佳，病情稳定了数年。但是到了1928年，余叔岩又意外地受到一次打击。据他的好友薛观澜在《余叔岩的武戏文戏与小戏》文里说：

> 于民国十七年（1928）夏秋之交，因儿子（非余亲生）被女佣摔死，他（余叔岩）本人又受当时军阀压迫，于是一怒而"剁网巾"，永不登台唱戏。

病情与种种意外事件，导致余叔岩在1928年底散班辍演，彻底不再接受营业性演出，只是在堂会或公益演出中才偶一登台。在这样的现实情况下，余叔岩要维持一定数目的收入，维持自己的生活

水平,就格外需要张伯驹"丰厚的束脩",以及来自盐业银行的支持。朱涤秋《赞余》文里说:

> 余氏生平好友,就余所知,则盐业银行岳乾斋、张伯驹,与吾浙名流魏铁珊、孙陟甫。其所有收入,均存盐业。如偶有急需,而存款不敷,则岳、张常为垫付,所以岳、张两家有喜庆堂会,叔岩特别尽力,而从来不肯收戏份,必设法迫之而后始收。

其次,余叔岩还需要张伯驹帮助维护其与奉系军阀的关系。自袁世凯病逝到1928年10月国民党在南京成立国民政府的十余年间里,北京的中央政府被各系军阀势力轮流控制,政局始终不能稳定。在1925年至1928年间,张作霖的奉系势力最为强盛,在长江以北形成一家独大的局面。1927年6月17日,张作霖在北京组成安国军政府,自任大元帅,以潘复为内阁总理。张伯驹《盐业银行与我家》文记:

> 1927年张作霖到北京,自任为大元帅,派财政部次长董士恩到天津邀我父亲张镇芳晤面,商谈请他组织内阁事。我父亲到京住弓弦胡同一号。这时张作霖拟用老一辈的人出来组阁,为他的大元帅支撑门面。我对父亲说:"你的政治生命,在复辟一役中已经决定了一生毁誉,而且现在南方革命是一种新生力量,揆诸大势,胜败难言,以不出来为是。"我父颇以为然,故到中南海周旋了两天,打了两次麻将,婉辞回津。其后张找

梁士诒，梁也不干；后来由张宗昌推荐，一向以智囊自命的潘复钻营组成内阁。

张伯驹在回忆里常常强调其家与袁世凯、张作霖两大政治势力的密切关系，前者毋庸置疑，后者则多语焉不详，虚实难断。按照伯驹的说法，张镇芳险些出任安国军政府内阁总理，但这样重大的安排，却未见有更多旁证。不过，伯驹与奉系人物来往较多，这也是事实。盐业银行即看准这一点，要求伯驹利用奉系当政机会，积极为盐行拓展业务。

余叔岩与奉系也有着良好关系，张作霖与张学良父子都非常喜欢余氏的演唱，多次邀请余氏赴东北演出。余叔岩结交张伯驹，也有请伯驹帮助维护其与奉系交往的政治用意。

张伯驹谈到在某次堂会上，余叔岩表明愿意为其说戏。这次堂会很可能指的是1927年11月18日安国军政府军事部陆军署次长杨毓珣家堂会。

张伯驹在《红毹纪梦诗注》中记述：

张作霖为大元帅，杨毓珣时任陆军次长，其母寿在金鱼胡同那家花园设宴演剧宴客，倩叔岩演《上天台》。叔岩不常演此戏，由李佩卿先到家吊唱，余即于戏单上写戏词。余问叔岩如何唱法，叔岩曰："就是一个上句，一个下句，安排一下就好了。"后来了解音韵，知五声之念法与三级韵之运用，就是这样自能结合剧情，安排唱腔；同身段一样，知道节骨眼、起范儿、内外工、子午相，也自能安排身段。是日余同叔岩去那家花园，全厅已无隙地。叔岩演戏，余坐于台上地毯上，听了一出《上天台》。

孙养农《说余叔岩》里也记录到这次堂会：

余氏所灌唱片内，有一张百代公司所灌《上天台》中"姚皇兄休得要告职归林"一段二黄三眼，大家都认为唱得十分精彩，使人百听不厌；但是，从没有看见他在台上演出过这出戏，认为是件憾事。其实他在一家堂会中演出过一次，可惜那天的听众，只不过是限于主人的至亲好友们，所以能躬逢其盛的人，实在是太少了。

那天的堂会是杨梧山先生自寿，杨氏生平喜欢拉胡琴，曾经跟陈彦衡学过，最初是研究谭派的，后来遇见余氏，一见如故，再一听他的唱，就倾倒得不得了，二人结为至好，余氏一生知己之中杨氏亦为其一。

那天所演的这出《上天台》，是杨氏自己要求他唱的，因为他也是十分地爱好这出戏，而余氏又从来不演，所以就趁此机会特烦他，他感于知己，一定不会拒绝的。果然余氏破例地做了他生平唯一一次的演出。

张伯驹与孙养农都是这次难忘的堂会的参加者，分别留下了记录，但两人又有不尽一致之处。其一是，张伯驹记是日为杨毓珣母寿，孙记为杨自寿。其二是，张伯驹记主人为杨毓珣，孙记则为杨梧山。问题是，余叔岩演出《上天台》只此一次，张与孙都不应把主人记错。

伯驹所记的杨毓珣，字琪山，长伯驹三岁，其父杨士骢于清代曾任山西盐政使。杨士骢及其兄长杨士骧与杨士琦，都是袁世凯的亲信。袁氏推行帝制时，杨士琦任政事堂左丞，是袁的得力干将。袁杨两家结为亲家，袁世凯将三女叔祯即袁静雪，许配给杨士琦的侄子杨毓珣。因此，张伯驹家与杨毓珣家，也不会没有交情。张伯驹云"张作霖为大元帅，杨毓珣时任陆军次长"，这个印象显然是正确的。

孙养农所说的"杨梧山"，据其弟孙曜东《浮世万象》里云：

> 余叔岩当过一阵票友，（中略）我九岁时他就到上海来唱堂会，是到大西路杨梧山（原注：军阀的儿子）家唱堂会。杨梧山有一兄弟名杨岐山，也是军人，是袁世凯的女婿，与张学良是一辈人。那时余叔岩到上海就住在我家安丰里。

孙曜东云，杨梧山与"杨岐山"是兄弟。"杨岐山"是"杨琪山"之误，亦即杨毓珣。但杨氏家族十分庞大，杨梧山与杨毓珣是同胞兄弟或堂兄弟，尚难查实。

总之，张伯驹与余叔岩交好，与其均与奉系势力来往密切，也有着一定的关系。

附　记杨毓珣事

徐友春主编《民国人物大辞典》记杨毓珣：

字琪山，安徽泗县人，1895年（清光绪二十一年）生。毕业于北京陆军大学第五期。历任江西警备队统领，北京大总统府侍从武官。1926年7月，任北京政府参谋本部次长。1927年6月，任北京政府军事部陆军署次长。1928年4月，兼北京政府军事部军政署署长。国民政府授陆军中将。1940年3月，任汪伪中央政治会议议员。1945年2月，任汪伪山东省省长；4月任汪伪山东省省长兼驻济南绥靖主人。抗战胜利后被逮捕。1947年病死于狱中。年52岁。

杨毓珣曾祖父杨殿邦，曾于清道光年间任职漕运总督；祖父杨鸿弼有八子，较为知名者为士燮、士晟、士骧、士琦、士骢等五人。

杨士燮字味青，曾任清淮安知府；其子杨毓章，民国时期曾任中国银行天津行经理，即著名翻译家杨宪益之父。

杨士晟字蔚霞，与张伯驹父张镇芳为同科进士，曾任清无锡知县，民国时期任职芜湖关监督、苏州关监督。

杨士骧字莲甫，清直隶总督兼北洋大臣。

杨士琦字杏城，清末至民初先后为李鸿章、袁世凯幕僚，深受袁世凯倚重，民国初期曾任交通总长、政事堂左丞。

杨士骢字芝青，清末任山西巡盐道，民国初期任众议院议员。

杨毓珣即出身于这一显赫家族，为杨士骢之子，娶妻袁世凯之第三女袁叔祯即袁静雪。但杨袁夫妇关系不睦。袁静雪在其回忆文章里，记清末袁世凯罢职事件说：

> 杨士骢（原注：他是当时直隶总督杨士骧和后来我父亲倚如左右手的杨士琦两个人的八弟）正做着京津铁路督办，便在夜间护送我父亲到了天津，住在法租界利顺德饭店。我父亲原想由天津逃往日本。可是，我父亲的门生杨士骧得到消息以后，立刻派他的儿子两次到利顺德饭店说明利害，劝我父亲回京，他自己却避嫌没有出面。我父亲接受了杨士骧的建议，这才又回到了北京。

袁静雪用这样的方式，为其与杨毓珣的婚姻，留下了一点痕迹。其所云之事，张伯驹在《续洪宪纪事诗补注》里亦有记录，但伯驹称袁世凯自津返京，系其父张镇芳之建议。

袁世凯的另一女婿薛观澜所著《我亲见的梅兰芳》里有《杨琪山满口要吃人》，其文记：

> 还有我的连襟杨琪山（原注：曾任张作霖的副官长），他根本不懂戏，但因他的先辈个个都是戏迷，所以他亦以戏迷自居，且非余叔岩派不学，他要求我教他几句特别的余派唱词，我就教他《汾河湾》的西皮摇板如下："听一言来走二魂，头浇冷水怀抱冰，适才打马汾河境，见一玩童打弹精，弹打南来当头雁，枪挑鱼儿水浪分，我方才与他把话论，猛虎下山要吃

人哪。"按"吃"是上口字，此处该作"齿依"切，杨琪山认为余味十足，喜不自胜，余氏一天到晚哼这句"要吃人哪"，可惜他在淮城长大，满嘴江北口音，大抵江北、天津、绍兴、宁波及闽粤人士，学唱皮黄最感困难。至于苏州、无锡的方言，因其邻近昆山，学戏毫无困难。故京角原籍苏锡者最多。观澜昔在顺承王府，亲眼得见，每值张大元帅作霖午睡之时，孙传芳、张宗昌、张学良、张作相、吴俊升、汤玉麟、韩麟春、褚玉璞等八个军团长，战战兢兢，唯恐吵醒老帅，只有杨琪山，时任张氏的副官长，毫无顾忌，他用力推动铁丝门，老帅常被他吵醒，他却满不在乎。

曾任国民党国民参政会参政的齐世英在《齐世英口述自传》里记，1936年因国民大会代表选举，齐世英与张学良意见不一，杨毓珣曾代表张氏找齐谈判。齐世英云：

> 后来张汉卿（张学良）派杨毓珣来找我说："怎么样？妥协好不好？办法是你有什么人当代表，把名单给我，我带到西安，由张汉卿提出，给他面子，东北事要推重他。"我倒不是不推重他（张学良），只是他种种表现都不行。他已到西北，还做了副司令，不管东北事，还要把东北当臣民，这种事我当然不同意，但我不好对杨毓珣说，我只跟他讲，我得跟大家商量，结果当然没有下文。

杨毓珣于1936年1月23日被国民政府授衔陆军中将，在张学良处任职。"西安事变"后张学良被囚，杨毓珣亦被国民党搁置一旁。其后投靠汪精卫，以无党派身份与赵正平、岑德广、赵尊岳一起，成为汪伪政权中央政治会议委员。1945年2月20日出任汪伪山东省省长，4月又兼济南绥靖主任，抗战胜利后被捕入狱，1947年病死狱中。

曾于1946年担任国民党第十一战区政治设计委员会副主任，后出任中央人民政府典礼局局长的余心清，被关押在南京羊皮巷的国民党国防部军法局看守所时期，刚好与杨毓珣在同一监室。余心清在所著《在蒋牢中》里，为杨毓珣留下最后的记录：

（前略）接着是一位胖子戴着眼镜，五短身材，右边眼皮下的神经不时地在抽搐着，这样使他那个左眼仅只剩下了一条缝。他说："我们在什么地方见过面；你尊姓啊？"我们互通了姓名以后，彼此都社交地说："久仰，久仰。"这矮胖子的名字叫"杨毓珣"，杨士奇的儿子（余误，应系杨士琦之侄），袁世凯的第三个驸马爷，做过北洋政府的参谋次长，敌伪时代的山东伪省长。日本失败后，向蒋介石投降，当过三天的总司令就换了班，后又因汉奸案被控，关了起来。他在这里住了两年，还未审过一次。（中略）杨毓珣给我买了一个漱口杯和一双鞋带。（中略）驸马爷给我帮忙的地方也很多。凡是我要他做的，他都大胆地做去，好像满不在乎似的。这里面有两种关系：一是因为和我同乡，有些乡土观念，再就是他和张学良是把兄弟，西安事变，他是张的驻京办事处长，现在张被押，他也被押，这给了他思想上很大的刺激。以后他常常和我咬着耳朵说："大家出去，还要合作。""小心点吧"，我带开玩笑地回答他。

（中略）

杨驸马的一张嘴，总是关不住，晚上睡得最早，清晨起得也最早，一起床，他就找一个人做说话的对象，和人扯皮。不一会，两方就干起来，愈干愈凶，始而口角，继而对骂，然后大骂特骂，最后全武行，大打特打。（同监的）王少将的一张嘴也不示弱，平常总是他们两个人干。有一次吵得不可开交，（同一监室的另一位）刘少将忍耐不住地劝杨说："这次是你的不是，以后说话不要过分尖刻。"杨还击道："你们黄埔系，想联合起来压迫我吗？我不吃这一套。"

这位驸马的血压很高，常常吵打后手脚发麻，以后一次和海南岛的"要塞司令"干起来了，被那位青年的"将官"骑在他的身上，胳肢他一大顿，第二天清晨，就全身麻木，下午就死掉了。

杨毓珣的下场要算是很凄凉。

6. 袁克文的影响

张伯驹热衷于收藏、填词、学戏，还与受到袁世凯次子袁克文的影响有关。

袁克文生于1890年即清光绪十六年，与余叔岩同岁，均长伯驹八岁。克文字豹岑，又字抱存，号寒云，生母是袁世凯第三妾、朝鲜人金氏。其同胞妹袁静雪回忆说：

> 二哥袁克文，小名叫作招儿，从小过继给大姨太太为子。他小时候很顽皮，既没有正正经经地念过书，也没有正正经经地练过字。但是他极聪明，有着"过目不忘"的"本领"，所以他对于写字、填词、作诗、做文章，都有着比较好的成就。我父亲（袁世凯）对外的比较重要的信件，有的时候由他代笔。我们彰德老家的花园（原注：养寿园）内的匾额、对联，就是我父亲让他撰拟和书写的。我父亲对他是比较偏爱的，有时候得到了好的古玩，总是叫了他来，当面"赏"给他。有时候看到饭桌上有好菜，也经常叫他来同吃。大姨太太对于二哥更是十分溺爱，二哥向她要钱用，她从不驳回；如果实在不能满足二哥的要求，她也会想我父亲转要了来，供给他用。因此，二哥从小就养成了用钱如流水的毛病，以致最后他不得不靠着卖文、卖字来维持生活。说起来，这是和大姨太太对他的溺爱有着极其密切的关系的。

按照袁静雪的叙述，袁克文几乎就是袁家的贾宝玉，而且因为父亲疼爱，境遇还要超过贾宝玉。

袁世凯为了培养袁克文，还一反常态地为克文聘请了一位放荡不羁的才子，即有"联圣"之称的扬州名士方地山，作为克文的老师。袁克文与方地山师徒关系极好，乃至后来克文子家嘏，娶方地山女为妻，袁方两人又成为亲家。

袁世凯就任民国大总统及洪宪帝制期间，袁克文随同父亲迁居中南海，克文住在流水音，以陈思王曹植自诩，领袖当时文坛，日常与方地山、易哭庵、何鬯威、步林屋、罗瘿公、黄秋岳、梁鸿志等名士往来唱和，挥金如土，放浪形骸，极是引人注目，而袁世凯亦不与其更多计较。

在袁家与克文不睦的是袁世凯长子袁克定。袁克定热衷政治，"好摆谱"，尤其是时刻防范着二弟克文会动摇自己的"储君"地位，对克文颇不友善。

张伯驹父张镇芳，在政治上与袁克定比较接近；可能正因为这一点，袁克文也非常反感张镇芳。张勋复辟案结束，袁克文落井下石，公开对张镇芳加以批判。1920年，袁克文为上海《晶报》撰写连载文章《辛丙秘苑》，其中有《张镇芳反复》一节，怒斥说：

> 张（镇芳）以至戚，且赖先公（袁世凯）而致官禄，初寒士今富翁矣，竟反复若是，斯尚不若禽兽之有心也。张勋复辟，张以伪尚书兼议政大臣，事败就获，判徒刑入狱，虽遭缧绁，为平生未经之惨痛，而苟全性命，已至幸矣。身败名裂，天道之薄惩耶？

自从袁克文文章发表，张镇芳张伯驹父子与袁克文断绝往来，双方近十年没有走动。伯驹《寒云词序》云：

余与寒云（袁克文）为中表戚，方其盛时未尝见也。己巳岁始与过从，共相唱酬为乐，乃恨相见之晚焉。

己巳岁即1929年，民国十八年，伯驹已虚岁三十二岁。伯驹与袁克文重逢，诚如鲁迅诗云，"渡尽劫波兄弟在，相逢一笑泯恩仇"，共同的经历，共同的感受，以及共同的爱好，令伯驹与克文将两家的恩恩怨怨，尽皆抛掷脑后。特别是张伯驹，深深为袁克文的才华与人格魅力吸引，视袁为偶像，不由自主地跟随其后，亦步亦趋。

张伯驹《春游社琐谈·袁寒云踏莎行词》生动记述说：

庚午岁（1930）冬夜，以某义务事共演戏于开明戏院。寒云（袁克文）与王凤卿、王幼卿演《审头刺汤》，寒云饰汤勤。乱弹戏寒云只演《群英会》《审头》之蒋干、汤勤两角，学于老苏丑郭春山。郭此戏极有矩矱，而寒云饰演更生色。大轴为《战宛城》，余饰张绣，溥侗（伯驹原注：红豆馆主）饰曹操，为黄润甫真传。阎岚秋（伯驹原注：九阵风）饰婶娘，钱宝森饰典韦，许德义饰许褚，傅小山饰胡车。终场夜已将三时，卸装后余送寒云至霭兰室，饮酒作书。时密密洒洒，飞雪漫天，室内炉暖灯明，一案置酒肴，一案置纸墨，寒云右手挥毫，左手持笺，即席赋《踏莎行》词。词云：

> 　　随分衾裯，无端醒醉，银床曾是留人睡。枕函一晌滞余温，烟丝梦缕都成忆。
>
> 　　依旧房栊，乍寒情况，更谁肯替花憔悴。珠帘不卷画屏空，眼前疑有天花坠。

余和作云：

> 　　银烛垂消，金钗欲醉，荒鸡数动还无睡。梦回珠幔漏初沉，夜寒定有人相忆。
>
> 　　酒后情肠，眼前风味，将离别更嫌憔悴。玉街归去阒无人，飘摇密雪如花坠。

时已交寅，余遂归去。词上阕忆韵误以入作去，余亦未注意之，迄今三十余年乃为发见。在当时为寒云兴到之作，因偶失韵，宋人亦尝有之，固无妨也。后人知其词而不知其事矣，爰为记之。

《寒云词》收录此首《踏莎行》，注明"宿粉房琉璃街霭兰室"。粉房琉璃街在今北京骡马市大街至南横街间，与开明戏院相距不远。霭兰似为妓名。两首《踏莎行》词一并观之，恰可明白看到张伯驹对于袁词的迎合与模仿。

可惜的是，张伯驹与袁克文的这段弟兄知己的交往，仅有三年时间。

1931年3月22日，袁克文在天津河北区两宜里住宅病逝。伯驹作联挽之云：

天涯落拓,故国荒凉,有酒且高歌,谁怜旧日王孙,新亭涕泪;

芳草凄迷,斜阳黯淡,逢春复伤逝,忍对无边风月,如此江山。

"天涯落拓"句,一作"天涯漂泊"。"逢春复伤逝"句,一作"相逢复伤逝"。

袁克文身后,张伯驹为其编印了《寒云词》作为纪念。伯驹晚年著《续洪宪纪事诗补注》,一面对袁克文《辛丙秘苑》文加以批驳,一面亦对克文表示出无限怀念。伯驹云:

余登台演剧,以冻云楼主名,又有人谓为"中州二云"者。沽上词人王伯龙题余《丛碧词》云:"洹上起寒云,词坛两俊人。"

同书又记:

庚戌(1970)春,余与张牧石往访西沽某诗人,问寒云墓,欲往一吊,云寒云墓已为其家人迁去,不知移葬何处,为之惘然。

张伯驹乃作歌云:

悲歌对酒各天涯,涕泪新亭日又斜。

却恨故人成宿草，不曾沽上吊桃花。

张伯驹平生以附克文之骥尾为荣，其所津津乐道之所谓"四公子"说亦然。

7. 京剧背后的银行争斗

三十岁的张伯驹正在忘情地与袁克文诗词唱和、与余叔岩观剧学戏的时候，中国政局发生了较大的变化。1928年4月7日，南方的国民政府宣布以蒋介石为总司令，率军北伐，一路势如破竹。6月4日，张作霖匆忙撤离北京，途经皇姑屯时遇难身亡。10月10日，国民党改组国民政府，重新建立全国统一政权，蒋介石出任国民政府主席；新政府定都南京，改北京为北平特别市。12月29日，张作霖之子张学良宣布东北易帜，其后张学良被任命为国民革命军副总司令，在北平设立副总司令行营，东北、华北各省军事，统归张学良节制。

张伯驹、袁克文、余叔岩等在这次的"小型易代"（张中行语[①]）中皆置身事外，一面是他们仍然受到奉系势力的保护，一面是不再作为首都的北平，整座城市都如释重负般轻松下来，反而给他们提供了更加安逸的环境。

尽管如此，北平仍然不是世外桃源，长期战乱产生的旧有的矛

[①] 张中行：《负暄琐话》，黑龙江人民出版社，1986年。

盾尚未解决，新政权又催生出许多新的矛盾。张伯驹认为，1931年12月21日在北平虎坊桥45号今晋阳饭庄所在地成立的"国剧学会"，就是这种新矛盾的产物。

张伯驹《红毹纪梦诗注》记：

> 李石曾以退回庚子赔款成立中华戏曲音乐院，内设南京分院、北平分院。南京分院属程艳（砚）秋，北平分院属梅兰芳。南京分院并不在南京，仍在北平，院内并附设戏曲音乐学校。北平分院则只成立一委员会，梅兰芳、冯耿光、齐如山、余及王绍贤为委员，既无附设学校，亦无研究机构。李又以庚款支持程赴法国出演，一时程大有凌驾乃师梅兰芳之上之势。此时由冯、齐、王及余倡议，梅、余（原注：叔岩）合作，成立国剧学会，此为师生斗法之事。至外传张冠为张宗昌，非是，乃中国银行总裁张嘉璈也。中国银行有冯耿光、张嘉璈两派。冯捧梅，张捧程。后李石曾自对人言云，支持程艳（砚）秋乃受张公权（原注：嘉璈字）之托也。此内幕非外人所能知者。艳（砚）秋自法回国后，余曾往观其演出，旧时红缎金绣门帘台帐换了一大灰布帐子，场面皆在灰布帐子之内。按旧戏场面，须与演员心神相接，尤其在身段上打鼓师须随时相应。中国戏曲之技术与西洋戏曲之技术自有不同，而台上设置亦不能同。但艳（砚）秋只重唱，却亦无妨。王瑶卿对艳（砚）秋一字之评为"唱"字，身段武工，在其次矣。

张伯驹关于国剧学会的记录，留下数种版本。其在临终前撰有《北平国剧学会成立之缘起》，对此事叙述更详。

> 梅（兰芳）氏之友好多为不平，乃挽余约梅兰芳、余叔岩合作，发起组织北平国剧学会，募得各方捐款五万元做基金，于1931年11月（伯驹所记时间有误）在虎坊桥会址（原注：现为晋阳饭庄）成立。选出李石曾、冯耿光、周作民、王绍贤、梅兰芳、余叔岩、齐如山、张伯驹、陈亦侯、王孟钟、陈鹤荪、白寿之（芝）、吴震修、吴延清、段子均、陈半丁、傅芸子为理事，王绍贤任主任。理事陈亦侯、陈鹤荪任总务组主任，梅兰芳、余叔岩任教导组主任，齐如山、傅芸子任编辑组主任，张伯驹、王孟钟任审查组主任。教导组设传习所，训练学员，徐兰沅任主任。

此外，张伯驹《春游琐谈》里也收有一篇《北平国剧学会缘起》，说法与以上二种在细节上又略有不同。

张伯驹作为亲历者，披露内幕说，国剧学会的创立与梅兰芳、程砚秋师徒相争有关；而梅兰芳与程砚秋的师徒相争，又与中国银行内部的斗争紧密关联。

中国银行在南京国民政府组建之前，事实上具有"国家银行"的地位。中行原有三大巨头，即王克敏、冯耿光与张嘉璈，三人既有分歧，又可合作。蒋介石率军北伐期间，时任中行代总裁冯耿光与副总裁张嘉璈一致认定国民党将获胜利，不惜动用巨款予以支援。可是，蒋介石的胃口实在太大，且对中行加以武力威迫，令中行苦不堪言。南京国民政府成立后，蒋介石变本加厉，直接要求中行接受政府领导，作为国民政府之"央行"，受到冯耿光与张嘉璈的抵制。1928年11月1日，国民政府在上海正式设立自己的国家银行即中央银行，以财政部长宋子文兼任总裁，陈行为副总裁；同时强令中国银行与交通银行改组，中行被规定为"政府特许之国际汇兑银行"，政府增加官股比例，派遣官股董事及监察人，由财政部指派时任中央银行监理会主席李铭为中行董事长，由常务董事推举张嘉璈为总经理，常务董事为张嘉璈、宋汉章、冯耿光、李铭、陈光甫等五人。在这一轮的人事变动中，冯耿光的权力和地位明显下降。

梅兰芳（左）与余叔岩（右）

冯氏被排挤开后，蒋介石、宋子文与李铭、张嘉璈之间，又爆发出更大的矛盾。蒋介石密令掌握政府财权的孔祥熙与宋子文，"今日国家险象，无论为政府与社会计，只有使三行（中央银行、中国银行、交通银行）绝对听命于中央，彻底合作，乃为国家民族唯一之生路"。在蒋介石的铁腕之下，1935年4月1日，中行董事会再次变动，改总经理制为董事长负责制，宋子文出任董事长，宋汉章任总经理，张嘉璈则被赶出中行，转任有职无权的中央银行副总裁。至此，中国银行遂为国民政府所彻底控制。

从这一过程来看，国民党之国民政府夺取中行的手段，似乎是采取分化瓦解的办法，先拉拢张嘉璈，排挤冯耿光；然后再把张嘉璈也排挤出局。冯耿光晚年在《我在中国银行的一些回忆》里即持这样的看法，认为张嘉璈"对国民党还存有幻想"，在1928年的中行改组中，"张嘉璈实际上是参与方案的拟定的"。而到了1935年中行再次改组，冯耿光说，"国民党以迅雷不及掩耳的快速度攫取中行，听说王克敏和胡笔江都是宋子文的幕后策划人，但张嘉璈却事前毫无所闻，完全处于被动地位"。

张伯驹所谈的创设国剧学会，就发生在中国银行两次改组之间；伯驹认为，彼时张嘉璈正在利用国民党势力开展中行的内部斗争，其办法之一是，通过李石曾出面捧程砚秋，程是梅兰芳早年所收弟子，后来与梅氏并列为京剧"四大名旦"之一。李石曾主导于1930年设立中华戏曲音乐院，即有意要以南京压北平，以程砚秋来压制梅兰芳，令程的社会地位凌驾于其师之上。而打击梅兰芳的目的，则在于打击冯耿光。

1913年冬天，冯耿光（右一）、李释戡（右二）、舒石父（左一）与梅兰芳（左二）在上海的合影。

冯耿光是梅兰芳最重要的赞助者。梅兰芳《舞台生活四十年》[①]说：

> 我跟冯先生（耿光）认识得最早，在我十四岁那年，就遇见了他。他是一个热诚爽朗的人，尤其对我的帮助，是尽了他最大的努力的。他不断地教育我、督促我、鼓励我、支持我，直到今天还是这样，可以说是四十余年如一日的。所以我在一生的事业当中，受他的影响很大，得他的帮助也最多。这大概是认识我的朋友，大家都知道的。

冯耿光早年是日本陆军士官学校第二期中国留学生，归国后任清军谘府第二厅厅长，民国初期授职陆军少将。1918年2月24日冯氏受代大总统冯国璋任命，出任中国银行总裁，1922年6月5日卸任；1927年1月27日再度担任中国银行代总裁，到1928年10日中行改组，转任常务理事。冯氏执掌中行期间，把多位梅兰芳的支持者即所谓"梅党"，带入中行任职。因而所谓"梅党"，在中行内部即是"冯党"。梅兰芳因冯耿光的支持，在社会上有着中国银行"形象代言人"的意义，梅氏本人也是中行私人股东，其大额收入存放中行，由中行负责为其理财。张嘉璈既以冯耿光为对手，鉴于冯梅几乎公开的特殊关系，才选择从打击梅兰芳入手，既打击了冯耿光及其在中行的"冯党"，也大幅度削弱了冯氏在社会上的影响力。

[①] 梅兰芳：《舞台生活四十年：梅兰芳回忆录》，新星出版社，2017年。

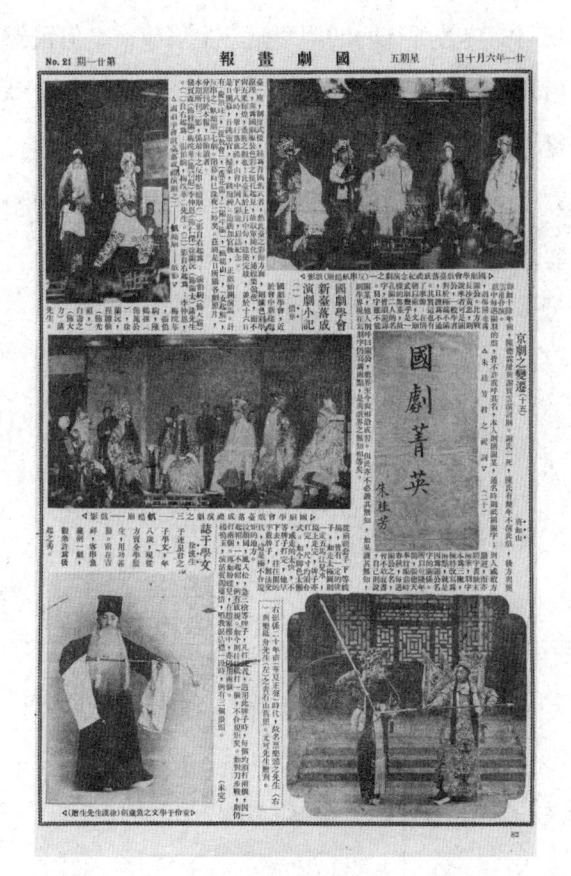

国剧学会成立日之演出
(《国剧画报》1932年第1卷第21期，1页)

张伯驹的回忆，言下之意就是，北平国剧学会的成立，是"梅党"或"冯党"联合盐业银行，对于张嘉璈等人的一次反击。

张伯驹的话固然言之成理，但亦其个人之理解，仅可作为参考。程砚秋与梅兰芳师徒间的明争暗斗虽属事实，但程砚秋是否参加了张嘉璈、李石曾等的"反梅""反冯"阵营，以及程氏背后之政治与金融力量，则系极其复杂问题，须有待更多证明。尤其是冯耿光与张嘉璈之间有着很深的误解，即使冯的话与伯驹相近，亦未必即是事实。

8. 张余合著《近代剧韵》风波

张伯驹在谈到自己在创立国剧学会时之作用，说法有所差异。

伯驹《春游琐谈》之《北平国剧学会缘起》：

> 梅（兰芳）氏之友好多为不平，遂挽余为间，约余叔岩与梅畹华（梅兰芳）合作，发起组织北平国剧学会。

伯驹《红毹纪梦诗注》记：

> 此时由冯（耿光）、齐（如山）、王（绍贤）及余倡议，梅、余（叔岩）合作，成立国剧学会。

伯驹《北平国剧学会成立之缘起》记：

梅（兰芳）氏之友好多为不平，乃挽余约梅兰芳、余叔岩合作，发起组织北平国剧学会。

这都表明张伯驹在此事中是核心人物之一，负责在梅兰芳与余叔岩之间居中联络。

但是，余叔岩与梅兰芳、程砚秋之关系，亦是既有合作又有争斗。余叔岩能否仅凭张伯驹的游说，便能轻易接受其联梅抗程方案？在国剧学会成立之前，余叔岩与张伯驹刚刚有过一次争执。

1931年2月，张伯驹以"余叔岩、张伯驹合著"的名义，在北平京华印书局出版了一本《近代剧韵》。伯驹《我从余叔岩先生研究戏剧的回忆》文记：

> 余（叔岩）先生唱念的发音、收韵特别讲究。他对戏剧音韵学有家学渊源与自己的研究。（中略）后来余先生又从魏铁珊老先生研究音韵学，他经常看的书是《李氏音鉴》。我们为了在唱念上抓住根本，就一起研究音韵学，对阴阳平上去入在戏剧里的念法以及尖团字、上口字、发音、收韵与切音的关系，"三级韵"的运用方法等，余先生都结合他的经验作过阐发。我根据他所说的，又参考一些韵学书，写了一部《近代剧韵》。（中略）对于这部书我们之间也有过不同意见，例如"愁"字，无论哪种韵书上都是念尖音，而在近日皮黄戏里非念团音不可。我认为应该念尖音，余先生以为非念团音不可。因此在所写的《近代剧韵》里，我还是把"愁"字列入团字里边，而附详各

韵书都作尖字。（中略）《近代剧韵》一书虽经写好印出，余先生还怕有错误之处，以至贻笑大方，所以并未发行。

京剧的前身是徽剧与汉剧，而且这两种地方戏剧又因为同在北京发展之故，一面是同台演出，相互融合，一面是分别实现了自身的"北京化"；这就使得京剧的发音很难在短时间内如同传统诗词的韵书一样，可以总结出规律，形成某种纪律。京剧研究家刘曾复即在其所著《京剧说苑》里指明，"总的说来，三级韵是唱念腔调设计的经验办法，不是纯音韵问题"①。

余叔岩与其周边的"智囊"们，日常喜欢以剧韵为话题，也以"中州韵"为标榜，其实要真正在京剧演唱中运用，就不免有纸上谈兵之嫌。张伯驹书生气十足，其学戏时间不长，而且其本人尚有较重乡音，却胆大妄为地动手编辑京剧剧韵，要为京剧"立法"，可谓是费力而不讨好。伯驹如果是自己要做，旁人最多只是一笑了之，但伯驹却要硬拉着余叔岩与其共同署名，余叔岩便不再给伯驹这个面子了。

从现存的数种《近代剧韵》版本来看，竟出现三种署名方式。一种是署名著者为余叔岩，一种是署名"项城张伯驹、罗田余叔岩"；还有一种或是伯驹自己所存，署名处将"项城张伯驹、罗田余叔岩"删去，毛笔改书"丛碧"二字。

从这三种署名方式就知道，余叔岩不仅不同意使用其名义，且

---

① 刘曾复：《京剧说苑》，学苑出版社，2012年。

连与伯驹共同署名都不接受，最后这两种版本都是印出后即被收回，余氏坚决不允许其发行。张伯驹自己亦一度失去信心，准备改用别号"丛碧"再印。张伯驹其人也确实执拗，国剧学会成立后，学会出版刊物《戏剧丛刊》。张伯驹又一意孤行地将《近代剧韵》改名《乱弹音韵辑要》，由其单独署名，在《戏剧丛刊》的第二、三、四期连载。

从这件事情可以看出，余叔岩有自己的主见，对于张伯驹，并非是言听计从。《近代剧韵》一事尚且如此，创建北平国剧学会，要与南京国民政府及程砚秋公开对抗，余叔岩岂会轻易为张伯驹所左右？

张伯驹的叙述里，其实忽略了一个重要人物，就是盐业银行北京行副理王绍贤。

王绍贤，1889年即清光绪十五年生。张伯驹《盐业银行与我家》：

> 王绍贤，宁河县芦台人。原在中国银行任职，1925年进盐业银行。王任职后，除薪水外，每年给以红利股三万元，作为交际活动费用的包干制副理。（中略）1926年，北京行副理朱虞生调任上海行经理，王绍贤成为北京行重要角色，其后张作霖盘踞北京时代，王绍贤利用我和奉系的关系，同奉系军阀来往，拉拢存款。迨至张学良再度进关，王绍贤时常用此名，请奉系军人政客在妓院布置请客，多由当时名画家陈半丁往来恰办，至于王绍贤在事后搞些什么名堂，我就不清楚了。据我所知，

王绍贤为了拉拢三、四方面军团部副官长高纪毅,曾介绍诨号"盖北平"的交际花嫁给他。像这样的事,都是王绍贤作为一个银行家,进行联络的具体活动事例。这时他曾与原交通部路政司长、后任中东路局中国局长刘景山组织联合办东北贸易公司,由王以副理地位,曾透支给这个公司四十多万元作大豆投机生意,这笔借款一直没有收回,成为呆账,以后不了了之。

当时盐业银行北京行的经理是岳乾斋,但是王绍贤是盐行"太上皇"吴鼎昌的嫡系,掌握实权,所以张伯驹需要接受王氏的工作安排。王绍贤也是成立国剧学会的热心者,在国剧学会担任主任理事,即一把手,其所发挥的作用应是大于张伯驹。

王绍贤又何以会对国剧学会感兴趣呢?王与北平名妓陆素娟恋爱,陆素娟喜欢唱戏,很有天分,私淑梅兰芳,不逊于职业演员。丁秉鐩《菊坛旧闻录》[①]里《第一美人陆素娟》云:

> 因为人(陆素娟)是冰雪聪明,又用功连学带熏,所以俨然梅派传人。除了嗓音气力弱一点,身上没有武功,其他都和梅非常神似。(中略)陆素娟是民国二十年(1931)左右北平花界的第一红人,结交往来都是达官贵人,富商巨贾。当时有位盐业银行巨头王绍贤,对她(陆素娟)甚为捧场,除每月供应一两万银元作日常开支外,还特拨了一笔演戏专款银元

---

① 丁秉鐩:《菊坛旧闻录》,中国戏剧出版社,1995年。

陆素娟

八万元,作为基金。那时一元银元,和一元美金差不多少,这种大手笔,实在令人咋舌。陆素娟演戏为什么用这么多钱呢?她除了做行头、置头面、定制桌围椅幔、大帐守旧以外,每次演出的配角、场面和后台工作人员,必用梅剧团,这个派头不小,可就费了银子啦。

丁秉鐩的话有夸大其词的成分,王绍贤资助陆素娟唱戏,手笔不会小,但亦不会达到丁所说的程度。

王绍贤热心国剧学会,为陆素娟与梅兰芳、余叔岩等京剧名角之间搭建桥梁,这一理由是可以说得通的。余叔岩依靠盐业银行理财,正如梅兰芳具有中国银行形象代言人的地位,余叔岩亦相当于盐业银行的形象代言人;余氏对于王绍贤这位盐行实力派,还是会买账的。

其后的事实也能证明这一点。余叔岩与梅兰芳合作演出的《打渔杀家》《游龙戏凤》等剧,都被视为绝佳搭档,奉为经典。陆素娟一味仿效梅氏,却不能与余叔岩合作,自然是万分遗憾。后来余叔岩果然应王绍贤、张伯驹等人之请,亦即把面子给了盐业银行,满足了陆素娟的愿望,为此在社会上还闹出过一场大的风波,此处且不赘述。

9. 盐业银行与国剧学会

张伯驹说"梅(兰芳)氏之友好多为不平",但是据伯驹开列的国剧学会成员名单看,属于"梅党"者仅冯耿光、吴震修、齐如山三人。另有一位参加者是黄秋岳，因黄后以间谍罪被枪决，所以大家在谈到国剧学会时多将黄氏姓名隐去不提。除这四位"梅党"外，学会的主任理事王绍贤及张伯驹、陈亦侯、陈鹤荪、白寿芝、段子均等都是盐业银行职员，周作民是金城银行总经理，吴延清是金城银行稽核长，王孟钟是中南银行天津行的经理。余叔岩与陈半丁是帮衬盐行的，傅芸子有可能是齐如山拉来一起做研究工作的。李石曾作为理事，显而易见是出于某种平衡。如此看来，为梅氏"不平"者，竟是以盐业银行及其关联者作为主力。

国剧学会所以形成这样的阵容，首先是"梅党"领袖冯耿光在中国银行失势，失去雄厚财力支撑。梅兰芳于1930年1月至7月赴美国演出，临行前经费突然发生困难，梅要求冯帮助，冯复函给梅氏说：

> 至于你叫我想法子拿出钱来，我老实告诉你，我现金比你还少，房屋、股票虽略略有几文，但是九条一处（指冯氏在北平东四九条住宅），两边合算，已在五万外，不值钱如同废纸之股票，锁在铁柜，不能用算。此外又落价，舍不得卖出，叫我如何有现钱呢？我到上海完全想做几笔买卖，来养老津贴，不知道仅够花销，如何有多的呢？我现在同你说一句老实话，如果有人能出五万，或四万以上之价钱，买我九条房屋，我就拿出三万块来帮你忙，或者有人肯照时价，承受我家里的房屋田地产业，我亦可拿出三四万，但是我想不容易找这个主。[①]

---

① 王文章主编：《梅兰芳往来书信集》，文化艺术出版社，2014年。引自"冯耿光致梅兰芳·信十一"。

这就是彼时冯耿光真实的经济状况。比较起来，盐业银行却是今非昔比，营业蒸蒸日上，成为金融界的一支劲旅；而盐行的发展，则要归功于吴鼎昌的卓越才能。

吴鼎昌从张伯驹父张镇芳手中夺走盐行领导权后，于1921年至1922年间，实现了盐业、金城、中南、大陆四家商业银行的联营机制，设立了四行准备库和储蓄库，形成"北四行"的格局。1928年8月，吴氏将盐行总行迁至天津，邀请著名建筑师沈理源设计，耗用120万元巨资在法租界水师营路即现在的和平区赤峰道12号建成总部大楼，成为轰动一时的新闻。银行业务以外，吴鼎昌出资五万元，于1926年9月收购了《大公报》，吴自任社长，以胡政之为经理兼副总编辑，张季鸾为总编辑兼副经理，更是有效地扩大了盐行的声势。

在吴氏的领导下，迄至1927年，盐业银行股本总额达到750万元，居国内商业银行之首；存款总额从创立时的463万元，增至4075万元；放款总额，从创立时的402万元，增至4603万元；十余年间所获净利累计达1582万元。

吴鼎昌在政治也获得成功。其最初投靠皖系起家，担任过北洋政府财政部次长。南京国民政府成立后，吴氏又以其经济理论受知于蒋介石。1933年10月4日，吴鼎昌出任作为全国经济最高行政机构的国民政府全国经济委员会委员。1935年12月，吴氏继孔祥熙、陈公博之后，出任国民政府实业部部长。

吴鼎昌仕途得意，但其对蒋介石和国民政府仍心存戒备，因而愈发牢牢控制住盐业银行，作为其政治资本和退路。国民政府在上海设立中央银行后,北方大多数银行纷纷将总行迁沪,盐行却坚守天津大本营,直至国民政府覆亡都未南迁。

张伯驹因为吴鼎昌鸠占鹊巢而视吴如寇仇,对于吴氏在盐行的辉煌成就也视而不见。然而,按照张伯驹所揭示的内幕,创建北平国剧学会时筹款五万元作为经费,前引冯耿光复梅兰芳函中曾云,冯氏在东四九条住宅价值即在五万元。冯氏住宅在清末相继是贝子奕谟和镇国公溥佶的府邸,梅兰芳多次在此接待外国友人来访。这就是说,国剧学会所得经费,足以购买一所深宅大院。这笔巨款,不可能是来自冯耿光与李石曾,而应是以盐业银行为主要出资者,金城银行与中南银行两行略作补充。而要动员盐行、金城、中南三行众多人员参与国剧学会,无论是王绍贤还是张伯驹,似乎都不具备这样强的号召力。于是,盐行背后的大老板吴鼎昌,就不能不浮出水面——若没有吴氏的认可,盐行恐怕很难动用财力人力去支持国剧学会。至于吴鼎昌何以会认可这种做法,亦不难找到理由,就是国民政府强夺中国银行与交通银行的行为引起吴氏的警惕。王绍贤、张伯驹等盐行成员出面组织国剧学会支援梅兰芳与冯耿光,事实上也可以理解为是吴鼎昌的一种政治姿态。吴在用这样的信号,提醒国民政府不要染指"北四行"。张伯驹回忆,只谈李石曾、张嘉璈方面的内幕,而未涉及盐行背后的情况,推想盐行方面,亦不似伯驹所说那样简单。张伯驹兴趣本不在于政治,其因国剧学会的成立而对京剧愈发痴迷,一面是在学会刊物上相继发表《戏剧与革命》《佛学与戏剧》《乱弹音韵辑要》等文章,颇以京剧理论家自居;一面频繁粉墨登场,大过戏瘾。

国剧学会成立之日的纪念演出,剧目包括《女起解》《铁笼山》《阳平关》《芦花荡》《捉放曹》《打渔杀家》,大轴是梅兰芳领衔演出的大反串戏《八蜡庙》。张伯驹一人双出,先是在《阳平关》里饰演靠把老生黄忠,后在《八蜡庙》里替代余叔岩,反串武生黄天霸,与梅兰芳、朱桂芳、程继先、徐兰沅、姜妙香、朱作舟、程蔼如、陈香雪等名角儿名票友同台演出。这次演出,标志着张伯驹正式跻身京剧"名票"之列。

10. 张伯驹与梅兰芳

在参加北平国剧学会的盐业银行成员里,张伯驹算是最闲在的,因而也是最起劲的,几乎成为盐业银行常驻国剧学会的代表。伯驹更因其父张镇芳在名义上仍是盐行董事长,自己亦以盐行少东家自居,趁势在京剧界广交朋友。当时号称"三大贤"的京剧顶级名角儿杨小楼、梅兰芳、余叔岩,都与伯驹成为好友。

杨小楼生于1878年即清光绪四年,年龄与辈分都高于梅兰芳和余叔岩,丁秉鐩说,"杨小楼从民国元年(1912)唱到民国二十六年(1937),他一直都以武生挑班唱头牌唱了二十六年,这在梨园史上,占了特别的一页"[①]。梅兰芳则说,"我认为谭鑫培、杨小楼的表演显示着中国戏曲表演体系,谭鑫培、杨小楼的名字就代表着中国戏曲"[②]。

---

① 丁秉鐩:《菊坛旧闻录》,中国戏剧出版社,1995年。
② 梅兰芳:《舞台生活四十年:梅兰芳回忆录》,新星出版社,2017年。

梅兰芳生于1894年即清光绪二十年，字畹华，别署缀玉轩主人，出身梨园世家，十八九岁即名满天下，此后长盛不衰，直至1961年8月病逝，都是中国京剧知名度最高、在国内外最具代表性的京剧艺术家。黄裳曾经准确地评价说：

> 我认为梅（兰芳）是经历了千奇百怪、纷繁复杂的几个朝代，几多世变，无数人物。交满天下、誉满天下，而没有谤满天下的人物。遇见过几多风险、闪躲腾挪，终能全身而退，成为真正的"德艺双馨"的梨园班头。[①]

梅兰芳身处李鸿章所谓中国"数千年来未有之变局"，以其毕生的非凡经历，在复杂多变的中国近现代社会里呈现出"梅兰芳奇迹"，其意义已远远超出京剧范畴。

张伯驹对于杨小楼较为恭敬客气，但对于梅兰芳的态度，则可说是"五味杂陈"。

伯驹《红毹纪梦诗注》里称，其平生所见之演员，只有钱金福、杨小楼、余叔岩、程继先及京韵大鼓的刘宝全等五人，具备王渔阳所云之"神韵"。同书里也记录下余叔岩说的一些"怪话"，如：

> 梅兰芳曾出演于美、苏、日，得博士学位。程艳（砚）秋出演于法国。有人问叔岩何不也去外国出演？叔岩曰："吾国

[①] 黄裳：《关于"梅郎"》，《南方周末》，2007年2月12日。

乃中华大国,而出演皆系男扮女装,未免少失国体。美、法、日、苏吾不去也,唯印度可商量耳。"人问为何愿去印度,叔岩曰:"印度有大土,我可过瘾也。"

伯驹云程砚秋访法演出不确,程仅是曾游历欧洲。伯驹的这些记述,皆可视为其对于梅、程之"微词"。余叔岩语多尖酸刻薄。伯驹受其影响,亦染上些旧梨园习气,论人论事,常常有失公允。

事实上,张伯驹未尝不以结交梅兰芳为荣,其回忆文章屡屡提及梅氏,既不无炫耀,也有缅怀之情,而这些记忆又多系发生在国剧学会较为活跃的数年间。张伯驹《春游琐谈》里有《重瞳乡人印》云:

> 三十四五年前,余与梅畹华、陈半丁诸人每夕聚于虎坊桥国剧学会,余与畹华向半丁学治印。

其《春游琐谈》之《关壮缪画竹卷》云:

> 壬申(1932)岁某日晚,余与梅畹华、陈半丁、齐如山、徐兰沅、姚玉芙聚于虎坊桥国剧学会,有人求见,畹华延入座,其人持一卷,云此卷曾有美国好古人士愿出金三万元购收,彼以为国珍,不肯让,愿让于梅氏收藏。视之,乃关壮缪(关羽)画竹也。纸本,墨笔,以五言律诗字组成竹叶,诗句如"义气冲霄汉,忠心贯斗牛"之类。后题跋有如兄刘备、如弟张飞、

愚弟诸葛亮以及赵云、马超、黄忠等。晋以后，王羲之、李白、杜甫、郭子仪、岳飞、文天祥历代名人不下五六十家，观后以价昂无力收藏谢之。

又，《春游琐谈》之《梅兰芳画梅》云：

书画家之作品，每至晚年而愈臻上乘，以积学日深，遂有得心应手之妙。梅兰芳畹华画梅，其晚年之笔，反逊其富年之作，因人求之多，无暇应接，而又不愿开罪于人，遂倩代笔者为之。在己卯岁（1939年。原注：卢沟桥事变后）畹华居香港以前，为汤定之涤代。汤画有文人气，殊雅致。畹华后归京，而定之于戊子（1948）岁殁，则由汪霭士代。汪虽专画梅者，而韵则不及定之。后汪亦殁，不知代者为谁，更不及汪。又于都中酒肆见畹华书字幅，颇凡庸，亦代笔，非其自书者也。惟畹华工画佛像，藏有明佛像册，常临摹。壬申（1932）正月余三十五岁，畹华为画像幅赠余为寿。画未成时，余至其家，见其伏案弄笔。畹华夫妇爱猫，余亦爱猫，畹华特摹册中一佛像，坐榻上，右手抱一猫。画幅藏经纸，乾隆尺高一尺七寸许，宽一尺一寸许，墨笔线条工细。楷书款"壬申元月敬摹明首尊者像为伯驹先生长寿，梅兰芳识于缀玉轩"，为黄秋岳所代书。钤"兰芳之印"朱文小方印，右下钤白文"声闻象外生"方印。画迄今三十二年，余尚珍藏箧中，而畹华墓木已拱矣。追忆前尘，能无慨然。畹华画梅存世不少，后人不知认为真迹而宝之，故为拈出。

这三则故事均发生于1932年,伯驹是年虚龄三十五岁。张伯驹以收藏书画名世,其记述所藏名家巨迹亦往往是三言五语,而不惜笔墨记录梅氏画作,可见其尤为钟爱。

1970年,马明捷奉命参加吉林省革命委员会组织的写作班子,撰写批判梅兰芳的文章。马明捷在长春找到已经沦为"牛鬼蛇神"的张伯驹。马在《张伯驹先生论剧》文里说:

> 张(伯驹)先生还住原来的房子,只是多次抄家,已经四壁萧然,许多东西就堆放在地上,显然在准备搬家。几年不见,张先生老态龙钟(原注:能挺到当时,我已在心里为他庆幸),潘素老师也不是原来那个极会招待客人的女主人了。我进屋之后,她让我坐在一个凳子上,但是没有茶了。寒暄几句,我说明来意,老夫妻一时无语,潘素老师问了一句:"梅兰芳死了那么多年,也要批判呀,中央的意思还是省里的意思?"中央什么意思我不知道,只能回答是省革委会的意思。我等着张先生说话,他就是不说,满脸愠色盯着我,室内气氛真叫人难耐,我不大敢面对他,又不能不看他。终于,他说话了,一口又硬又冷的河南话:"你不是梅兰芳的学生吗,你怎么还不了解他?别来问我,我就知道我自己罪大恶极,梅兰芳犯了什么罪我不知道!"一个大钉子碰得我好尴尬,好难受,只觉得脸上发热,不知说什么好,坐了一会儿就起身离开了,没人送我。

张伯驹身处逆境的时候,还能挺身维护梅兰芳身后的尊严,何其难得。伯驹夫妇在"文革"后期返京，与梅兰芳夫人福芝芳及家人又开始了往来，张恩岭《张伯驹传》记：

> 十年动乱结束后的一天，梅兰芳夫人福芝芳做东请张伯驹。因为心情愉快，平时很少喝酒的他，在饭桌上吃了两盅，微醉归家，昏昏沉沉地睡了一阵子，醒后即提笔为福女士成联一副："并气同芳，入室芝兰成眷属；还珠合镜，升天梅福是神仙"。上下联分别嵌入了"梅兰芳""福芝芳"夫妻姓名。妙于天成，虽是偶然得之，确是珠联璧合。只是，这副对联写好没几天，福芝芳就去世了，"梅福"都是"神仙"了，张伯驹怎么也没想到，竟一联成谶，使他为之浩叹不已。

梅夫人福芝芳于1980年1月29日在京病逝。张伯驹这一年虚岁八十三岁。

在张伯驹与京剧界的交往中，其与梅氏交往时间，应是最长久的。不可思议的是，早在1915年2月11日张镇芳五十二岁寿日堂会上，张伯驹即应是见到过梅兰芳的。民国初年曾任署吉林巡抚使的孟宪彝在当日日记中记录：

> 同到张馨安处贺寿。观梅兰芳、孟小茹之《汾河湾》，梅则优于孟多之矣。①

---

① 孟宪彝著，彭国忠整理：《孟宪彝日记》（上、下），凤凰出版社，2016年。

孟记的"张馨安","安"应为"庵",即张镇芳。孟小茹是由旦角改唱谭(鑫培)派老生,为"翊文社"主演,名次排在梅兰芳之前。孟宪彝评价甚准确,很快梅即成为头牌。由孟之评价而知,梅兰芳在张宅的表演派颇精彩。而张伯驹在回忆是日堂会演出时,提到谭鑫培、孙菊仙、尚小云、荀慧生及袁克文所介绍之昆剧,却唯独漏掉梅兰芳。个中情由,实在是令人百思不得其解。

11. 盐业银行与逊清皇室

北平国剧学会的成立令张伯驹声名大振,跻身京剧"名票"行列。大约同一时期,伯驹在书画收藏方面也有了较大成绩。

张伯驹称其书画收藏始于三十岁,时间则在1927年即民国十六年前后;最早的藏品是清康熙帝书横幅"丛碧山房"。伯驹并没有讲到这幅藏品的来源,推测可能性最大应是源自清宫所流出。

盐业银行与逊清小朝廷有着良好的关系,中间联络者是盐行北京行经理岳乾斋。张伯驹《盐业银行与我家》文介绍岳乾斋来历说:

岳乾斋,北京市大郊亭人。当他十五岁时,经他的长辈张怡斋介绍,在北京东四牌楼元成钱铺学徒,拜经理邢古香为师。清末办理洋务著名的张翼(原注:字燕谋)在天津锅店街开设庆善金店,邢古香就任经理,把满师的岳乾斋带到金店充任外勤二掌柜。由于他的活动专门奔走于各衙门,因而结识了许多权贵,邢常在东家张翼面前称赞岳乾斋能干,得到张的垂青。

1900年八国联军入侵天津，在炮火惊吓和洋兵残暴之下，邢古香惊悸而死，岳继任为金店经理。1905年倪远甫任天津大清银行监督，岳乾斋因倪的关系而任提调（原注：等于副理）；1911年，复经倪的吹嘘，任大清银行理事。辛亥革命后，大清银行改组为中国银行，一度参加清理工作，旋即赋闲。

当盐业银行于1914年冬筹备时，张镇芳向刘绍云要人，组织京津两行。刘在清末曾任天津志成银行总办，介绍该行经理张松泉为天津盐业银行经理。刘氏清末的候补道，与庆善金店有交谊，早就与岳乾斋相识，岳向刘表示他对天津地面熟悉，愿到天津盐业银行，由于天津已决定任用张松泉，故岳担任了北京行经理。岳再邀财政部库藏司课员朱虞生为副理，以便与财政部打通关系，并约请天津中国银行营业员李隽祥为营业主任，遇事可借助中国银行的力量，其他就以庆善金店老班底，分别派定各职。至于对外，则借重那桐和曾任大清银行监督的瑞丰、傅梦岩等旗籍老友，为之拉拢旗籍旧官僚的存款。同时他又推荐倪远甫为上海行经理。

按：岳乾斋自述其十七岁至源成银号学徒，十九岁出师。

岳乾斋因与清朝遗老联系较多，其任盐行北京行经理时期得到一个特别的机会。1912年即民国元年清帝逊位之际，民国政府应允每年拨款四百万元作为皇室经费，但自1913起即不能全额支付，到1919年则只拨款一百六十五万六千两。逊清皇室入不敷出，只好压缩人员机构、租售房屋土地、抵押珍宝及向银行借款，维持日常开支。

张伯驹《盐业银行与我家》文说：

北京盐业银行和岳乾斋个人发财的另一笔押款，是关于清室抵押的一批古物。大约在1919年以前，这些古物初由英商汇丰银行押款，后转到盐业和大陆银行；岳乾斋对这些古物极思染指，经由清室内务府郎中金绍安奔走，把押与大陆银行的也转入盐业。这批借款为四十万元，到溥仪结婚时，又押了一批，计二十万元，先后及六十万元。除古物外，内务府还卖给盐业大批明清两朝大小银锭元宝。这六十万元的借款，因清室无力赎回，连本带利累计一百数十万元。这批古物的详细账目，岳乾斋一直不向吴鼎昌公开，两人因而发生了很大矛盾。后来吴要求我以监察人身分向董事会提出，经过这一质问，岳才把账簿详细项目交出，得知押款已连转几期，这时又已到期，经研究决定，到期如再不归还借款，就将押品处理。为此事清太傅陈宝琛曾来找我，陈说这批押款物品是历史文物，不能以一般物品对待，应该妥为保存，不能以不还款为理由即行处理。陈的话虽然说得冠冕堂皇，但其企图仍然是希望盐业再给十几万了事。我把陈的话转达给岳乾斋，岳与吴商量，均不同意，终于没收了押品。

张伯驹的这段叙述不够清晰准确。溥仪与婉容、文绣于1922年12月1日举行婚礼，以婉容为皇后，文绣为淑妃。为此清室于1922年曾招商投标拍卖清宫古物，当时许多商号都参与投标；同时清室也向如汇丰银行等外国银行抵押借款。

盐业银行接受清室抵押借款则是在1924年5月31日，押款八十万元，成为颇为社会关注的事件。至1924年11月5日，陆军检阅使冯玉祥派警卫总司令鹿钟麟、警察总监张璧同国民党元老李石曾率军警入宫，宣布修改优待条件，并令溥仪立即迁出故宫。溥仪当日移住醇亲王府，继而住进天津"张园"，之后再迁居"静园"。溥仪《我的前半生》记：

> 我到天津之后，京、奉、津等地还有许多地方须继续开支月费，为此设立了"留京办事处"、"陵庙承办事务处"、"驻辽宁办事处"、"宗人府"、"私产管理处"、"东陵守护大臣"和"西陵守护大臣"等去分别管理。我找到了一份材料，这上面只算北京和东西陵这几处的固定月费、薪俸、饭食，就要开支一万五千八百三十七元八角四分。至于天津一地的开支，每月大约需一万多元；最大宗的开支即收买和运动军阀的钱，尚不在此数。（中略）至于我自己花钱，当然没有限制。由于这种昏天黑地的挥霍，张园又出现了紫禁城时代的窘状，有时竟弄得过不了节，付不出房租，后来连近臣和"顾问"们的俸银都开支不出来了。①

清室委派太傅陈宝琛与盐行谈判，应是在这样的背景下进行的。因盐行与清室有此项业务关系，岳乾斋、张伯驹、朱虞生等盐行高级职员都与清室人员来往较多，亦通过这一渠道，各自均有所获得。

---

① 爱新觉罗·溥仪：《我的前半生》，同心出版社，2007年。

12.《五马图》与《诸上座帖》

大约在1929年底至1931年秋之间,张伯驹从逊清皇室处收藏了一批较为重要的书画藏品。张伯驹《春游琐谈》中的《五代阮郜阆苑女仙图卷》里记:

> 溥仪出宫后由日本使馆移居天津日本租界张园,甚困窘,而从臣俸给不能稍减,遂不得不卖出所携书画,其事颇似李后主银面盆事。时日人某欲以二万元日金得宋梁楷卷,陈太傅宝琛经手;其事成之后,又有日本某侯爵欲以日金四万得李公麟《五马图》卷献日本天皇。时溥仪正艰窘,愿意四十件书画售日金四十万元,《五马图》则更不索值以赠日皇。陈又经手其事,以四十件书画畀其甥刘可超。一日,刘持四件向天津盐业银行押款两万元,经理朱虞生约余往观,则为关穜《秋山平远图》四卷,李公麟《五马图》、黄庭坚《摩怀素书》、米友仁《姚山秋霁图》四卷。开价《秋山平远图》五万元,《五马图》三万,《摩怀素书》《姚山秋霁图》各两万元。押款两个月后,刘归还一万元,取走《五马图》卷;其《姚山秋霁图》则以一万元售于余,更以《秋山平远图》《摩怀素书》向余押款五千元。辗转半年不还,以《摩怀素书》了结,以《秋山平远图》退还之。

伯驹记录时间上略有出入。朱虞生先任盐行北京行副理，调上海行任经理，1929年再调至天津行任经理；此时溥仪已经从"张园"迁住"静园"。

张伯驹文中所提到的李公麟《五马图》，因其在近现代谜一样的流传经历，使之成为具有传奇性的书画藏品。在2019年1月日本东京国立博物馆举办的"颜真卿：超越王羲之的名笔"特别展上，李公麟《五马图》出人意料地突然亮相，在中日两国都引起巨大轰动。

李公麟及其《五马图》在中国美术史上都占据重要地位。李公麟，字伯时，号龙眠居士，宋熙宁三年（1070）进士及第后，历任南康尉、长垣尉、泗州录事参军等职，诗、书、画、文俱佳，与王安石、苏轼、黄庭坚等都是好友。《宣和画谱》赞其画云，"集众所善，以为己有，更自立意，专为一家，若不蹈袭前人，而实阴法其要"。《五马图》可能是李公麟最后的作品，也是李氏传世真迹中最可信任的，还是现存北宋时期保存最为良好的纸本画作；所画为西域进贡的凤头骢、锦膊骢、好头赤、照夜白、满川花等五匹名马，黄庭坚为之笺题和后跋。

溥仪居住紫禁城时，曾对清宫物品做出清点，1922年2月25日派载泽、载润、溥忻、朱益藩、袁励准、朱汝珍、宝熙等清查大内书画，后来陆续又加派耆龄、陈宝琛、李经迈、绍英、刘体乾等参加，清查范围也从书画扩大到皇室财产。这次清查之后，1922年9月28日至12月12日，溥仪以赏赐其弟溥杰的名义，从紫禁城运送出历代书画1285件，册页68件。溥仪在天津陆续售出的，就是这部分藏品里的一部分。

张伯驹文中说,清室出售这四十件书画,经手人是太傅陈宝琛及其外甥刘可超。

溥仪《我的前半生》里说:

> 张宗昌完全垮台,到日本去了。他离我越远越有人在我们中间自动地来递信传话,张宗昌的信也越来越表现了他矢忠清室之志,但都有一个特点,就是向我要钱。带信人除了前面说过的金卓之外,还有后来当了伪满外交大臣的谢介石。德州知县王继兴、津浦路局长朱曜、陈宝琛的外甥刘骧业、安福系政客费毓楷和自称是张的秘书长的徐观戬等人。

又:

> 我到天津后最初发出的谕旨有这两道:"郑孝胥、胡嗣瑗、杨钟羲、温肃、景方昶、萧丙炎、陈曾寿、万绳栻、刘骧业皆驻津备顾问。""设总务处,著郑孝胥、胡嗣瑗任事,庶务处著佟济煦任事,收支处著景方昶,交涉处著刘骧业任事。"

溥仪所提到的陈宝琛外甥刘骧业,是否即张伯驹所提之刘可超,盖陈宝琛有刘姓外甥数人,所以还有待确认。日本现在所公布的资料,1930年10月1日,刘骧业通过日本古董商江藤涛雄介绍,将《五马图》售给日本人末延道成。也就是说,刘骧业系与日方联络的经手人。

甚为可惜的是，《五马图》本系刘可超拿给朱虞生、张伯驹的这批书画里艺术价值最高者，却与伯驹失之交臂，最终流落到海外。

所幸的是，张伯驹分别以一万元、五千元留下了其中的《姚山秋霁图》与《摩怀素书》。

宋米友仁《姚山秋霁图》，徐邦达在《重订清故宫旧藏书画录》里以为是"明人伪作"。张伯驹后来也发现问题，其在《丛碧书画录》里说：

> 观赵肃题，为元人书法无疑，惟元晖（米友仁）自题"姚山秋霁"不类其笔，或为元初人仿作亦未可知。

而张伯驹《溥仪携走故宫古代书画佚失的情况》文里，则直截了当地说出，"米友仁《姚山秋霁》为元人仿"。

黄庭坚《摩怀素书》，就是著名的《诸上座帖》，徐邦达《重订清故宫旧藏书画录》评其为"上上"。张伯驹《丛碧书画录》著录云：

> 大草书，真字跋尾。笔势如古藤虬结，所谓锥画沙者似。之后吴宽、梁清标题，《石渠宝笈》为"摩怀素帖"。经贾似道、严嵩藏文家籍。严氏《书画记》云：前作草书，师怀素颇逼真，皆禅语也。旧藏一佛寺，李范庵（李应桢）获之。枝山（祝枝山。李应桢之婿）草书多出于此。自明以来已誉为黄书第一。

以时间为序，黄庭坚的《诸上座帖》即《摩怀素书》，当是张伯驹所收藏的第一件堪称"名家巨迹"的书画藏品。从其退《五马图》和收《姚山秋霁图》之举而言之，张伯驹此时鉴赏书画的能力，尚非上乘。

这一次，朱虞生也留下"四十件"中的方从义《云林钟秀图》、文徵明《三友图》、王翚《观梅图》、蒋廷锡《五清图》和董邦达《山水》等五幅。1933年朱虞生病亡后，朱所藏的五幅，经由朱氏后人转入张伯驹手，亦见于《丛碧书画录》。

附　记陈宝琛的外甥

张伯驹《春游琐谈》之《五代阮郜阆苑女仙图卷》文记，溥仪在天津时，以包括李公麟《五马图》在内的清宫旧藏四十件书画抵押出售，由太傅陈宝琛经手。陈宝琛又交付给外甥刘可超负责。刘可超联系盐业银行朱虞生与张伯驹，以李公麟《五马图》、黄庭坚《诸上座帖》、关仝《秋山平远图》、米友仁《姚山秋霁图》四件，押款二万元。后刘还款一万元，取回《五马图》及《秋山平远图》；张伯驹则以一万五千元购得其中的黄庭坚《诸上座帖》与米友仁《姚山秋霁图》。

张伯驹文中说：

> 后刘（可超）以数万元缴溥仪，胡涂了事，所有书画尽未交还。后刘回福州原籍，死于法。《阆苑女仙图》由故宫博物院于福建收回，未于刘手流出国外，诚为幸事。

陈宝琛生于1848年即清道光二十八年,福建闽侯人,字伯潜,号弢庵,又号橘隐,晚号听水、沧趣。陈氏于1868年即同治七年进士及第,累官至内阁学士,为晚清清流代表人物之一,与张佩纶、宝廷、邓承修并称为"四谏"。后遭贬斥,返乡赋闲二十五年之久。宣统初年经张之洞推荐而重出,任职礼部侍郎;1911年又兼毓庆宫行走,成为宣统帝师,从此一直随同溥仪左右。1935年在北平病逝。

陈宝琛有兄弟七人,除夭逝者外,几乎均为进士、举人。陈宝琛娶光绪三年丁丑科状元王仁堪女为妻,后又娶数人,育有儿子六人,女儿七人,却乏有成就者。

陈宝琛有同胞妹陈伯芬,极为宝琛所疼爱。陈宝琛亲自为她写了《刘氏妹六十寿序》(1921)、《刘氏妹七十寿序》(1932)。

陈伯芬嫁盐商刘步溪,步溪约于民国初年即病逝。陈伯芬七十大寿时来京,陈宝琛云:

适予京寓虚一院落,因移居焉。自是予到都,晨夕欢聚,如在家巷时,为近年以来第一乐境,特惜吾仲家居,不获偕耳。

陈宝琛与妹妹伯芬手足情深,对于伯芬之子,格外用心提携,待外甥远胜于待自己之子。现知陈伯芬有五子,即刘腾业、刘骧业、刘骏业、刘骋业、刘驷业。其兄弟名字均用"马"字旁。

刘腾业,早逝。陈宝琛记云,"学垂成而夭于疫,聘妻守节,寻亦从殉"。

刘骧业，字午原，精通日语，在民国初期，曾短期供职于财政部，后随同陈宝琛服务于逊帝溥仪，负责联络各地军阀及日本，溥仪为之题字"能劳有继"。

溥仪《我的前半生》记：

> 我到天津后最初发出的谕旨有这两道："郑孝胥、胡嗣瑗、杨钟羲、温肃、景方昶、萧丙炎、陈曾寿、万绳栻、刘骧业皆驻津备顾问"。"设总务处，著郑孝胥、胡嗣瑗任事；庶务处著佟济煦任事；收支处著景方昶任事，交涉处著刘骧业任事"。

刘骧业比较活跃的时期是30年代初，即1931年9月18日"九一八"事变前后。9月19日，溥仪即曾命刘骧业赴大连探听消息。

但是，当时负责联络日本者，还有郑孝胥、郑垂父子，而郑氏父子又与陈宝琛舅甥的意见不一。溥仪《我的前半生》云：

> 这时我对于日本军政双方有了新的看法，和陈宝琛那一伙人的看法有了分歧。陈宝琛一向认为文人主政是天经地义，所以他只肯联络日本芳泽公使，他的外甥只肯和领事馆以及东京的政友会人物来往。这时他坚决主张，如果东京方面没有表示，千万别听军人们的话。我的看法则不同，认为现在能决定我的命运的不是日本政客，而是日本军人。

因为溥仪认同了郑孝胥父子的主张，所以溥仪从天津出逃东北后，陈宝琛舅甥即被排挤出局。

张伯驹文中没有提及刘骧业，事实上刘骧业也是售卖《五马图》的经手人。在2019年1月日本东京国立博物馆举办的"颜真卿：超越王羲之的名笔"特别展上，出人意料地同时展出了李公麟的《五马图》。日本艺术史学者、东京大学东洋文化研究所教授板仓圣哲在接受澎湃新闻采访时披露，刘骧业在东京一度将《五马图》存放在原田悟朗经营的博文堂，1928年即日本昭和三年11月24日至12月20日在东京"唐宋元明名画展览会"上曾经展出。12月12日，刘骧业还曾陪同日本昭和皇后及近卫文麿等要员一起参观展览。

张伯驹的回忆刚好说明，《五马图》于1928年在东京展览后，又曾被刘骧业持回国内，押在盐业银行。

与刘骧业同时在溥仪处任职的胡嗣瑗也在日记中记录：

> 刘骧业归自日本，昨夕由北京来，先过寓晤谈。带去画件，以彼都（东京）经济状况不佳，迄未售出。又言近事，似东邻有利用意，或可有所举动亦未可知，但彼人直云一切皆为我忙，有倭将某某不日可来接洽。（中略）余趋直，骧业亦来园，入对时闻亦主慎重考虑云。①

板仓圣哲在接受采访时展示出当时的《五马图》购买收据，系为刘骧业再次访日时，经日本古董商江藤涛雄介绍，于1930年即日

---

① 胡嗣瑗著，裘陈江整理：《胡嗣瑗日记》，凤凰出版社，2017年。

本昭和五年10月1日，将《五马图》售给了日本企业家末延道成。

以上过程说明，溥仪在津出售书画，刘骧业主要负责的是，与日方买家对接。

时隔九十年，因《五马图》现身而引起热议，刘骧业也随之引起关注，但大家错将其与"刘让业"及"刘镶业"混为一谈，故有再作甄别之必要。

刘骏业，应即张伯驹文章中之刘可超，疑骏业字可超。天津文博院副研究员欧阳长桥《溥仪在天津期间清宫法书名画的存藏、散失与转移》文即持此观点。其文记录：

> 溥仪在津期间所散失的珍宝还包括他赏给近侍的一些东西。如他为酬答其师傅陈宝琛之外甥刘骏业而赏赐给刘骏业的唐阎立本《历代帝王像图卷》（原注：此件归刘氏不久即归华北伪政权头目梁鸿志所有。随后转售日本人。第二次世界大战后为美国波士顿美术博物馆所得）和《步辇图》，五代阮郜传世孤本《阆苑女仙图》三卷。当时还酬有宋拓《定武兰亭序拓本》一卷等。从以上作品的历史性和艺术性来看，它们无疑是极具价值的瑰宝。当然，溥仪的酬答如此"丰盛"，与他当时也许并不了解这一点有关。所幸保管《步辇图卷》《阆苑女仙图》的主人，没有转售给外人，解放后捐献给人民政府，后归故宫博物院庋藏。这也实属一场大不幸中的万幸了！

欧阳文认为溥仪不了解这些书画价值，此一说法恐难成立，其背后似仍有故事，且待有心者发掘。就目前情况看，刘骏业是溥仪在天津出售书画的国内经手人，与刘骧业兄弟分工不同。张伯驹文里记刘可超即刘骏业"所有书画尽未交还"，欧阳文所提阎立本画作等，似即系"未交还"者。陈宝琛后人有云，刘骏业后返回福建，抗战初期被人抛尸闽江。

刘骋业，疑即刘勉己，骋业或字勉己，《鲁迅全集》注释里记：

> 刘勉己，他在1924年回国后任《晨报》代理总编辑。

刘勉己所以出现在鲁迅文章里，是因为鲁迅在1924年10月3日写了一首小诗《我的失恋》，交给《晨报副刊》的编辑孙伏园发表；结果稿子被刘勉己撤了下来，孙伏园一怒之下辞了职。鲁迅在1925年5月4日《京报副刊》发表给孙伏园的"通讯"里便带了一句：

> 想不至于像我去年那篇打油诗《我的失恋》一般，恭逢总主笔先生白眼，赐以驱除，而且至于打破你的饭碗的罢。

后来鲁迅在《我和〈语丝〉的始终》文里又说：

> 那时伏园是《晨报副刊》的编辑，我是由他个人来约，投些稿件的人。（中略）但这样的好景象并不久长，伏园的椅子颇有不稳之势。因为有一位留学生（原注：不幸我忘掉了他的名姓）新从欧洲回来，和晨报馆有深关系，甚不满意于副刊，

决计加以改革,并且为战斗计,已经得了"学者"的指示,在开手看Anatole France(法郎士,法国作家)的小说了。(中略)

"我辞职了。可恶!"

这是有一夜,伏园来访,见面后的第一句话。那原是意料中事,不足异的。第二步,我当然要问问辞职的原因,而不料竟和我有了关系。他说,那位留学生乘他外出时,到排字房去将我的稿子抽掉,因此争执起来,弄到非辞职不可了。但我并不气忿,因为那稿子不过是三段打油诗,题作《我的失恋》,是看见当时"阿呀阿唷,我要死了"之类的失恋诗盛行,故意做一首用"由她去罢"收场的东西,开开玩笑的。这诗后来又添了一段,登在《语丝》上,再后来就收在《野草》中。

鲁迅首段文字里的"总主笔先生",指的就是刘勉己,但鲁迅不一定知道,刘是陈宝琛的外甥。

刘勉己离开《晨报》后也返回福建老家。共和国初期授衔少将,后来担任南京军区副政委的孙克骥是福建武夷山人,在回忆录《夕拾集》里谈到,原来刘勉己是孙的姨夫。孙记:

二十年代初,母亲为了我兄弟有一个良好的教育环境,带我兄弟二人到北京投靠我二姨。

二姨朱月筠,也是一位慈爱善良的妇女。她同我母亲非常友爱。二姨夫刘勉己,他的母亲是陈宝琛(原注:末代皇帝溥仪的师傅)的亲妹妹,虽然他是陈宝琛的外甥,却是个自由主义者，留学日本，是早稻田大学的经济学博士；以后又到法国深造，又得了一个博士衔。回国后，在北京《晨报》馆当编辑。曾引稿件问题，与鲁迅有过一场小小的笔墨官司。此人一生没有在国民党政府机构中担任过职务。大革命之后，回到福建，在福州法学院当教授。1933年冬，参加过李济深、陈铭枢发动的"福建事变"。失败后，被国民党通缉，逃到香港。不久又回到北平某大学任教授。抗战爆发后北平失守，他去西南联大任教。1949年，赋闲在沪，寄居在他胞弟刘攻芸家。刘攻芸当时是李宗仁代理总统的国民政府的财政部长。1949年4月，我策反国民党海军第二舰队工作结束，上海党要求我找适当地社会关系，安全隐蔽，等待解放。我知道刘勉己在沪，遂托上海党了解他的政治情况。据了解，此人政治上进步，与民盟有关系。于是，我上门拜访。相隔十五年，相见甚欢。我说明来意，他知道我的政治面目，满口答应我在刘家住下，我在刘家住了大约十多天，才转移别处。他能在当时的政治环境下掩护我，我是感激他的。他不愧是一位学者，解放之后，他学习俄文。五十年代初期，我到上海开会，顺便去看他。他郑重地拿出他学俄文的毕业证书给我看，笑着说："人家说不知老之将至，至于我，叫做不知老之已至。"说后哈哈大笑。以后听说他到厦门大学任教，自此没有联系。一直到1983年中共福州市委召开"二战"时期党史座谈会，见到陈洁（应为絜），才知道1957年间，刘勉己被打成右派，随后便到美国投靠他的儿子，不久病故在美国。那时，陈表示要替刘平反摘掉右派帽子,不久,陈洁(絜)也过世了,刘勉己平反的事,也就不了了之。

刘勉己是长辈中值得我敬爱和怀念的一位老人。

孙克骥最初随母亲到刘家,就是刘勉己担任《晨报》代理总编辑的时期。不知孙是何时知道刘与鲁迅的笔墨官司之事,今日孙亦去世,再无从问起了。幸而孙克骥留下这段回忆,刘勉己的一生经历,也就基本完整了。

孙克骥提到的陈絜,字矩孙,同样是陈宝琛家的一位奇人,为陈宝琛之孙。姚依林晚年与堂妹姚锦谈话时,还曾提到过陈絜。姚锦《姚依林百夕谈》记,1935年春的某晚,姚依林到住处附近的燕京大学图书馆里贴传单,没想到遇到了陈絜。姚锦说:

> 没料到他(姚依林)刚走出图书馆,便迎面遇上了一位过去认识的同学陈絜(原注:解放后曾任福建省政协委员),久不见面的陈絜一把握住了他的大手,却沾了满手浆糊。
> 次日,陈絜赶来清华找他,因为陈絜一到图书馆就发现了传单,知道是"姚胖子"所为。陈絜匆匆赶来找他,说明自己在福建读书时便是共青团员,一直在找组织,这次可找到了!于是,六兄(姚依林)把陈絜介绍给周小舟。自此,通过陈絜认识了燕京大学的一批革命青年,其中有王汝梅(原注:即黄华),还有龚澎等等。

陈絜在"一二·九"运动后的经历极曲折，此处不再多叙，他于1983年12月获得平反，党籍从1946年1月算起。陈絜逝于1987年4月，享年七十四岁。

最后再说刘驷业，字攻芸，后以字行，是刘家兄弟中之最具声望者。徐友春主编《民国人物大辞典》录其小传云：

刘攻芸，原名驷业，福建侯官（今闽侯）人，1900年（清光绪二十六年）生。早年入上海圣约翰大学附中，1919年赴美国留学，入宾夕法尼亚大学华盛顿学员，1922年获商学士学位。继入芝加哥西北大学夜校，日间在一银行工作，1924年获商学士学位后至英国，入伦敦经济学院，仍继续其工读生活。1927年获博士学位；同年回国，应北平国立清华大学之聘，授经济学。1928年应国立中央大学之聘，授银行学。1929年8月，中国银行总经理张嘉璈聘为总账室主任，司会记组、联行组业务。1935年8月，任中央信托局副局长，数月后调国民政府铁道部财务委员会。1937年2月，任交通部邮政总局副局长兼邮政储金汇业局局长。1940年任四行联合总办事处秘书长。1945年5月，当选为国民党第六届候补中央执行委员。抗战胜利后，四行总处撤销，改任中央信托局局长，并兼任苏、浙、皖区敌伪产业处理局局长。1947年3月，任中央银行副总裁。1949年1月，升任中央银行总裁；同年3月，任财政部部长，未及赴广州，旋至台，转去香港。1950年春，任新加坡华侨银行顾问，继为华侨保险公司董事经理。退休后经营矿业。1973年8月8日病逝于新加坡，终年七十三岁。

另，林航等撰有《民国时期刘攻芸金融实践探析》，介绍其金融思想及相关活动较为详尽。

仅从这份简历可以看到，刘攻芸受知于中国银行总经理张嘉璈，从1929年受聘出任中国银行总账室主任，至抗战胜利，刘始终是追随着张氏足迹任职，张氏倚重刘亦如左右手视之。郑会欣著《民国政要的私密档案》记录，张嘉璈受到蒋介石排斥，1935年被迫辞去中国银行总经理，改任中央银行副总裁。

1935年8月，中央信托局成立，孔祥熙兼任理事长，邀请张嘉璈任局长，张答应了，并希望能将中行总账室主任刘攻芸借调任副局长。（中略）宋子文为此事大发雷霆。（中略）新任中行总经理宋汉章告诉张嘉璈，说宋子文对此事仍不谅解。张回答说："若彼必无中生有以疑人，显有成见。余除借调攻芸外，决不用中行一人。"就在这一天（原注：8月20日），张嘉璈从中行的寓所中搬到自置的物业，从而与中国银行断绝了关系。

从这件事情即可了解到，张嘉璈对刘攻芸之器重程度。张嘉璈即徐志摩夫人张幼仪之兄，他们还有一位政治家的兄长，即创建中国国家社会党的张君劢。张幼仪与徐志摩于1915年12月结婚，鲁迅所作的小诗《我的失恋》，即是讽刺徐志摩的。不过，张君劢与张嘉璈，在"《晨报副刊》事件"发生的时候，未必具备影响舆论的力量，不可能作为刘攻芸之兄刘绪已的后台。

13. 张镇芳病逝

1928年10月国民政府定都南京后，北京改名北平，整座城市的总体气氛也发生变化。作家味橄在所著《北平夜话》里描写30年代初期的北平说：

> 从新都南京来到故都北平，气象是完全不同的。一则是热闹，一则是冷静。（中略）我所感到的北平是沉静的，消极的，乐天的，保守的，悠久的，清闲的，封建的。
>
> 我从没有到过一个车站有北平车站那样肃静，车夫到站以前，车外呼呼的风声，车下辘辘的轮声，闹得我们连说话的声音都听不见，这是只要坐过火车的人，没有不知道的。（中略）可是我们一到北平，火车进行中那种辘辘声一停，一切都静寂了。这种完全的静寂，简直就像在半夜里我们被自己的噩梦惊醒，全屋的人都睡得死一般的，没有一点声音的时候一样。（中略）整个的北平，也都是这般沉静的。所以北平给我的第一印象，就是沉静。

张伯驹这时只有三十岁左右年纪，尽管其甘居隐逸，仍是难以排遣寂寞之情。伯驹日常主要是以观看和学习京剧、填词、收藏书画打发时间，甚至尝试撰写过旧式章回体小说。除此以外，他也很热衷于参加社会活动。

张伯驹参加的社会活动主要有四类，一类是以盐业银行为中心的应酬，伯驹虽感无聊，亦无可如何。一类是以袁克文为中心的文人雅士唱和及票演京剧，如与袁克文、方地山等人诗词唱和，以《蛇尾集》为名，连载于《北洋画报》。一类是以余叔岩为中心的京剧沙龙，研究京剧，演出京剧，兼带谈论京剧的各种奇闻轶事。再有一类就是北平国剧学会的相关活动。除第一类外，张伯驹都是乐此不疲。孙养农在《谈余叔岩》里记述说：

> 张伯驹，河南项城人，为民初河南督军张镇芳之子，学问湛深，精通音韵，嗜古成癖，酷爱收藏书画，偶见有精品，必定出高价收买，虽然是典屋鬻地也是在所不计。为人风雅但是生性有些孤傲，外貌落落寡合，所以跟他不熟的人，望之生畏而不敢亲近。其实他是名士派，不惯作普通的周旋而已。我因为他如此，所以叫他"张大怪"，他也不以为忤。（中略）因为他生性沉默寡言，每次到余家去，如果不学戏，就在烟铺上一躺，像徐庶进曹营一样地一言不发，别人也都知道他的脾气，所以也不多同他交谈或寒暄，由他闭目屏息地躺在一旁，听别人的谈笑，或者余氏调嗓说戏。

然而，余叔岩性格活泼诙谐，其周围朋友的性格多与余氏相似，张伯驹在余氏沙龙日久，渐渐习惯这样的热闹，性格也有些稍稍外向起来。国剧学会成立前后，张伯驹参加活动日益频繁，而且还开始自己主动组织聚会。

1932年3月17日，张伯驹在弓弦胡同的住宅，正厅前的西府海棠花盛开，伯驹极爱其妖娆华丽，特邀梅兰芳、李释戡、黄秋岳、陈亦侯、岳乾斋、朱虞生、吴延清、陈半丁、陈鹤荪、白寿芝、姚玉芙、齐如山、徐兰沅、张次溪等聚会赏花。张次溪作文《双棠花下留影记》记之。

同年春夏之间，章太炎北游讲学，也曾应邀做客张伯驹宅，接受伯驹的招待。张伯驹《春游琐谈》有《章太炎对联》记：

> 章太炎炳麟书联不用自作联语。某岁到京，同吴检斋（吴承仕）、黄季刚（黄侃）饮于余家，为人书联七八副，皆唐宋诗句。赠余篆书联杜诗："盘剥白鸦谷口粟，饭煮青泥坊底芹"也。

章太炎所书为杜甫《崔氏东山草堂》句，可见章氏对于伯驹宅之美食甚为满意。伯驹还提到在这次会见时，章太炎很是赞赏伯驹的两句诗，"已尽余生还茀道，犹拼垂死待燎原"。伯驹自云此系刺南京国民政府所作。

1933年1月23日，即旧历壬申年十二月二十八日，伯驹嗣父张镇芳虚岁七十大寿；而伯驹生父张锦芳是年也逢六十整寿，兄弟两人生日相去不远。张伯驹仿十年前之例，在天津隆重地为两位父亲贺寿。寓真《张伯驹身世钩沉》引《清故光禄大夫署直隶总督张公馨庵墓志铭》云：

镇芳自辞职以来，优游于沽上十余年。壬申年其七十大寿，其弟锦芳，字絅庵，亦年届六十，正是埙吹篪奏，兄弟亲睦，其欢怡怡。

可是，就在张伯驹为两位父亲操办过祝寿活动后，相隔半年，1933年6月22日，张镇芳在天津病逝，翌年春伯驹葬父于天津南郊佟楼。张伯驹《盐业银行与我家》文记：

1933年我父亲张镇芳去世，遗有盐业银行股票五十万元，但那时股票已不如以前值钱。我以三十万元归天津家用，自己拿去二十万作为北平家用。我以这些钱购进了喜爱的宋元字画，以后陆续向盐业银行透支到四十万元收购字画。

寓真《张伯驹身世钩沉》引《张伯驹自述》说：

我从三十岁研究文艺，对于这样的家庭感觉痛苦，尤其厌恶租界，所以我常在北京。到民国二十二年（1933），我父亲去世，我父亲的同居孙善卿庶母，交给我很多的遗产，但是，还是不够这大家庭开支之虞。我看了这时国民党的政局现象，我又做银行的事，知道经济前途不可乐观，对我的家庭还是这样排场阔绰下去是没有办法。我就将大部分盐业银行股票交给王韵缃，使她试验管理家政，因为儿子是她生的。并且，我对她说，经济前途是很危险，股票的利息是靠不住的，必须紧缩开支,家庭要平民化,譬如在楼上由梯子一级一级地下到平地,总比从楼上坠到平地好。但是她不能了解我的话,而且她早已染上鸦片烟瘾,每天到下午四点钟才起床,没有管理家政的能力。我把股票交给她,是为供给家庭开支,股票的印鉴还在我这里,不是给她个人的,而她会误认到儿子是她生的,交给她的股票我不能再拿走。至于这个家庭开支不够,她没能力把她节俭下来,还要我想办法。

张伯驹对其侧室王韵缃的批评,王韵缃与张柳溪母子均不甚认可。王韵缃在后来诉讼与伯驹离婚时说:

1927年生下我子（张柳溪）,以后我丈夫（张伯驹）遂对我冷淡,以致置之不理。我过在旧社会里,只有忍受。又因已有了儿子,并且公婆待我很好,所以总希望他能回心转意。但是,他竟完全置我于不顾。如此,有名无实的夫妇生活七年之久。

张柳溪则回忆:

我妈妈（王韵缃）在天津家里安排好长辈、孩子生活的同时,也惦念我父亲（张伯驹）的生活。我父亲当时在北京、上海,盐业银行的俸禄有限,但生活开支比较大,我妈妈常常把盐业银行的股息转账给他,以保证他的开支。我父亲逢年过节回天津,也都是我妈妈给他安排一切。我妈妈一有时间也带着我去北京看望父亲。

张伯驹家的家务事至为复杂烦琐，无法置喙。张伯驹之妹张家芬，在1952年1月也对张伯驹提出诉讼。通过这次诉讼，把张镇芳身后所遗财产却是讲得十分明白。计有：

盐业银行股票五十余万元；

现款二十余万元；

天津保定道住房一所；

北平弓弦胡同一号住宅一所；

老家项城土地三千余亩。

从张镇芳这一家底看来，其在张勋复辟一役里的损失确实不少，家资所存已然不多。当然，这只是张家自己与之前的比较，放之当时社会，仍然要算是巨富之家。邓力群自述里称，1931年其兄邓飞黄当选国民党中央委员，全家赴南京。邓力群则留北平在汇文中学读书。

> 汇文中学一学年学费250元，房租每月3元，二等伙食费每月6元，此外，衣服、书籍、零用每年60元左右，全年共需400来元。如果寒暑假回家，就要少一些。我当时的生活水平，在学生群中是中等的。[1]

照此计算，此时张伯驹家产，尚足可供应数千名中学生读书。

---

[1] 邓力群：《邓力群自述：1915—1974》，人民出版社，2015年。

14. 张伯驹任职南京盐行经理

迄至1933年张镇芳病逝，张家资产仍然可称雄厚，但是张伯驹已经有了很强的危机意识。其危机意识主要来自政治与经济两个方面。政治方面，1931年9月18日，日本关东军在沈阳发动"九一八"事变；11月10日，溥仪从天津潜往东北，于1932年3月1日在长春建立傀儡政权伪满洲国。1932年1月28日，日军在上海发动"一·二八"事变。1933年3月12日，张学良通电下野，何应钦代理军事委员会北平分会委员长。张镇芳张伯驹父子与张作霖张学良的奉系势力关系良好，而与国民党之国民政府较为疏远。张学良失势，意味着张家又一次失去政治依托。在经济方面，又较政治更为严重。1928年至1931年间，国际市场银价大幅度波动，价格下降近半，事实上等于是令中国货币急遽贬值；而1931年与1934年，英镑与美元又相继贬值，激起白银价格迅速回升，造成中国白银大量外流和国内的通货膨胀。在这样的经济形势逼迫之下，国民政府内部发生矛盾，1933年，财政部长宋子文因与蒋介石意见不一而辞职，孔祥熙继任财长。国民政府于3月10日发布《废两改元令》，规定不得继续使用中国传统货币单位的银两，一律改用中央所规定的银币。3月28日，国民政府任命孔祥熙为中央银行总裁，张嘉璈、陈行任副总裁。1935年11月4日，财政部宣布，以中央银行、中国银行、交通银行所发行的纸币为"法币"，以后又增加了中国农业银行。国民政府实现了国内的金融垄断。这样，如张伯驹等清末民初拥有政治经济优势的旧式大家族，再也无法保持其优越感，心里充满日薄西山的恐慌。但是，张伯驹想要贫民家庭出身的侧室王韵缃明白其此种心情，是完全不可能的。不仅是王韵缃，伯驹家里的大批女眷，自我封闭，不问世事，都在按照自己以往的方式生活着，张伯驹为此感到痛苦。而张伯驹本人，何尝不是也在旧日习惯之中，蜩甲难蜕。

1933年10月4日，吴鼎昌参加了国民政府最高经济行政机构的全国经济委员会，成为其中的委员。1935年12月，吴氏又出任国民政府实业部部长，投身国民政府工作。吴氏在出任国民政府职务同时，也加紧对盐业银行进行新的布局，以便自己幕后操纵。

1933年，吴鼎昌将盐行总管理处迁至上海，将王绍贤调升盐行上海行经理。1934年8月，吴鼎昌主持之下，"北四行"储蓄会投资420万元在上海建成所谓"远东第一高楼"的国际大饭店，除部分作为四行储蓄会营业部外，其余部分作为酒店，对外营业。国际大饭店极大地提高了盐行信誉，彰显了"北四行"的实力，盐行存款从1933年的8269万元，猛增到1934年的9725万元。1935年12月，吴鼎昌又在北平召开了盐业银行董事会，安排老资格的银行家任凤苞代理盐行董事长。张伯驹在《盐业银行与我家》文说：

> 1935年底，国民政府延揽党外人士参加政府，一些政学系人士纷纷登场，吴鼎昌任实业部长，《大公报》又以名流内阁大为捧场。吴任部长后，除辞去《大公报》社长外，对盐业银行也略有安排。我父亲（张镇芳）在两年前已经去世，董事长

一席虚悬,因而召开了一次董事会议,由吴提议以董事任凤苞代理董事长,其他已担任的各行副经理仍旧不变,并添升了几个副襄理。但事实上总管理处早已移至上海,而他的心腹王绍贤,又是上海行经理,他居官南京,等于以总经理实行董事长职权,任凤苞只是在北方遥领名义而已。

我出席了这次召开的董事会议,在会后闲谈中,听到了吴鼎昌自鸣得意地说他在皖系失败后,多年来的事业成功,主要得力于在经济上利用盐行,政治上利用《大公报》,在金融界,他把"北四行"提高到与南方财团的势力相等地位。

因为吴鼎昌在政治与经济方面的敏锐以及其长袖善舞,盐业银行不仅平稳地度过了30年代初全球性经济危机,并且有所发展。

在这一时期,吴鼎昌对张伯驹在盐行的工作也做出新的安排。据盐业银行1932年统计,其行已经在天津、北平、上海、汉口、香港、杭州、辽宁、南京设有分行,在广州、大连、上海西区、天津东马路等处设立办事处。1933年,吴鼎昌命张伯驹以监察人兼总稽核名义,巡视各分行。张伯驹《盐业银行与我家》文记:

> 我以监察人和总稽核身分,曾于1933年到北平、天津、上海、汉口各行视察业务和考核账目。在我发现放款中的呆账以及各行当权者的大批透支,曾建议吴鼎昌加以厘清,他虽表示接受,但终不肯实行。从此我对查账也只是当成例行公事,应应景算了。我每次到上海、汉口等地查账时,只是受到招待,

出席宴会，盖了图章，就算完成任务。

吴鼎昌既命张伯驹查账，自然是利用其大少爷性格，不要其认真。张伯驹在向吴氏提过一次建议之后，也明白了吴氏用意，索性四处游山玩水、呼朋唤友，吃吃喝喝，连带在各地票演京剧，反而比闷居在北平旧都里要有趣得多。

1934年3月，张伯驹与侧室邓韵绮及其在盐行的助手杨西明（又作铭）夜游无锡梅园，次日游太湖，作有《鹧鸪天》词一首。词云：

为惜疏香此小留，碎阴满地语声柔。花光照眼还如雪，湖水拍天欲上楼。　风细细，雨飕飕，计程明日又苏州。客中过了春多少，只替春愁不自愁。

张伯驹尽管自居"遗少"，毕竟只有三十六岁，无法长时间忍受北平的沉闷；伯驹开始喜欢起盐业银行的工作，把国剧学会与向余叔岩学戏，皆都抛到脑后。北平国剧学会，在王绍贤调任上海，张伯驹四处巡察分行之后，成员逐渐星散，只剩齐如山等个别人在维持而已。1935年10月，国剧学会的杂志《戏剧丛刊》在出版第四期后，也再不复刊行了。

1936年1月6日，张伯驹在吴鼎昌的安排下又出任盐业银行南京分行经理，月薪250元，另加津贴100元。盐行业务重点本不在首都南京，但南京亦须做做样子，把张伯驹摆放在南京，不能不说是吴氏的另一种"知人善任"。张伯驹自己也很乐于担任这个职务,从1936年初至1937年初的一年时间里,伯驹往来于北平、南京、上海几个城市之间,其实却极少是忙于银行业务。

张伯驹《盐业银行与我家》文说:

物价上涨,生活日累,我仍须支持家用,因而我在1935年出任南京盐业银行经理。

伯驹所记时间有差误,现据盐行档案[①]订正。其所云"物价上涨,生活日累",自然是托词,以其财力,尚不至于感到压力。

附　记段祺瑞南下事

张伯驹《盐业银行与我家》文中提到:

大约在"七七"事变前,吴鼎昌来到北平,岳乾斋请他吃饭,我也在座。这次谈话中,他说他自己为政府办了几件大事。一是他亲自回四川,以同乡关系,拉拢了四川大小军阀,要他们服从中央;二是劝说感动了段祺瑞离开天津南下;三是把曲阜衍圣公孔德成接到南京。所遗憾的是未能早把溥仪控制到手,而被日本人弄走了。至于吴佩孚在华北的地位,现在相当重要,

---

① 中国银行总行、中国第二历史档案馆合编:《中国银行行史资料汇编》,上编(1912—1949),档案出版社,1991年。

尚有待于办理这件事,他回南京后,把吴佩孚的事交由王绍贤继续设法办理。这次宴会,他非常兴奋,喝了大量的绍兴酒,显得十分得意。

段祺瑞南下发生于1933年。胡晓编著《段祺瑞年谱》记:

1月18日　上海各团体忠告段祺瑞、吴佩孚勿受日人利用。

1月19日　交通银行董事长钱永铭受蒋介石委托,持蒋亲笔信赴天津劝段"南下颐养","俾得随时就商国事"。当时风传日本人可能要采取对付溥仪的办法劫持段祺瑞,段遂决定接受蒋介石的邀请,他对钱永铭说:"余老矣,无能为力矣。介石如认为我南下于国家有益,我随时可以就道。"

1月21日　乘津浦特快加挂车,段祺瑞带着张夫人、两位姨太太、妹妹、女儿,还有吴光新、段宏纲等,上上下下几十口子匆匆离津南下。长子段宏业带着弟弟宏范及二叔段启勋的几个儿子留在平津照应家业。

钱永铭即钱新之,原籍浙江吴兴,1885年生于上海。1917年经张謇介绍,任交通银行上海分行副理,1919年升任经理,1920年至1922年间任上海银行同业公会会长。1926年任"北四行"储蓄会副会长及四行联合准备库主任。钱氏是较早开始与国民党政府合作的银行家,1927年5月任国民政府财政部次长,代理部务。1928年应国民党元老、浙江省政府主席张静江邀请,出任浙江省省府委员兼省财政厅长,令任中央银行董事、交通银行常务董事。1930年任中法工商银行中方副董事长。

比较而言,钱氏与国民党关系,较吴鼎昌更为接近;但钱氏与段祺瑞之关系,则又不能与吴氏相比。

任职于上海市档案馆的邢建榕著有《非常银行家:民国金融往事》,其中《段祺瑞南下秘辛》文里,支持了张伯驹的回忆。邢文云:

> 段祺瑞虽然早已下野,但声望仍极高,他的许多部下还是唯他马首是瞻,一旦他真的上了日本人的贼船,或许还会掀起恶风浊浪。因此设法让段祺瑞南下,成了蒋介石的一块心病。当时居住在天津的四行准备库及四行储蓄会主任、盐业银行总经理吴鼎昌,获悉日本人正在打段祺瑞的主意后,立即致电在上海的密友钱新之,建议由蒋介石出面邀请段祺瑞南下,并由钱新之秘密赴津接洽。钱新之时任四行准备库及四行储蓄会副主任,与张嘉璈、陈光甫、李铭同被称为"金融四巨头",无论在南方还是北方,人脉关系极为丰沛。
>
> 钱新之将吴的想法向蒋介石汇报后,得到蒋的赞同。蒋随即委派钱新之代表他敦请段祺瑞南下。
>
> 钱新之携带着蒋介石的亲笔信,赶到天津后,前往段的寓所拜见。钱转告了蒋的问候,并说他(应是指蒋)是段的学生,等将来国内局势稍微安定后,拟改组政府,请段出任总统,他自任副总统。(中略)钱新之接着说,至于南下条件,一切从

优,可以国民政府名义每月拨给生活费2万元。段的手下亲信,每月也给1000元津贴。段的亲信段宏纲、李思浩等,也已经被钱新之说服,因此都同意南下。

段祺瑞本来还在犹豫,是否要离开天津这一是非之地。蒋介石既然谦恭执弟子礼来请他,而且条件优厚,给足面子,于是顺水推舟,答应了蒋的邀请。

邢文里记述吴鼎昌及钱新之的职务略有出入。钱新之时任四行储蓄会副会长及四行联合准备库主任,吴鼎昌为四行储蓄会会长及四行联合准备库副主任。

邢建榕另有《上海银行家书信集》,引钱新之与蒋介石函电,段祺瑞南下后费用,系由钱新之处支付。蒋介石亦通过钱新之与段祺瑞互致问候。1936年11月2日,段祺瑞因胃溃疡引起大出血,病逝于上海宏恩医院,享年七十二岁。

15. 收藏《紫云出浴图》

张伯驹担任南京盐业银行经理期间,也数次返回北平和天津,照看家小,访朋问友。1936年春,伯驹还曾与方地山一同赴天津去看望过袁克文的遗属。张伯驹《洹上词/寒云词》序云:

> 丙子(1936)春,北归与方地山访寒云(袁克文)故庐,索其词稿,谋付之梓。其夫人(刘梅真)及方大之女公子手写

畀余，即今所刊稿也。

伯驹所云之"方大之女公子"，即应系方地山之女方庆根，嫁克文子家嘏为妻。

或许正是因为此次会晤，伯驹发现方氏生活颇为困窘。张方二人计议，因伯驹极爱袁世凯第五子克权所藏《紫云出浴图》，而克权不肯割爱；伯驹改以资助方地山为名，以此为由说服了袁克权。张伯驹《春游琐谈》之《紫云出浴图》云：

> 余于规庵（袁克权）处见之（《紫云出浴图》），极羡爱，请其相让，未许，乃谋于方地山先生。时地山正窘困，余议以二千金畀规庵，以一千金为规庵与余共赠于地山解厄者。定议后，图卷遂归余。

张伯驹《续洪宪纪事诗补注》则云：

> 乃由（方）地山居间，议价三千元。规庵（袁克权）毅然割爱，收价一半，以一半归地山。

方地山一生无恒产，晚岁室家为累，斥卖垂尽，虽得此千元或千五百元，亦无济于事。1936年12月14日，即"西安事变"后二日，方地山在津因胃病而逝，享年六十五岁。

为张伯驹所"羡爱"之《紫云出浴图》，为清人陈鹄所绘，人物虽细微淡雅，栩栩如生，然于美术史上尚难臻上乘，其画于中国文化史上则堪称传奇。紫云姓徐，字九青，号曼殊，人称"云郎"，为"明末四公子"之一的冒辟疆家歌童。冒辟疆，江苏如皋人，甘居明之"遗民"，清初屡征不仕，隐居不出。时称"秦淮八艳"之一的名妓董小宛慕其高洁，嫁冒为妾；而冒宅还另有歌童数人，如紫云、杨枝、灵雏、秦箫等，亦皆闻名当时，徐紫云为歌童中之"色艺冠绝"者。

1658年即清顺治十五年十一月，同列"明末四公子"之一的陈贞慧之子陈维崧至如皋投奔冒辟疆。陈贞慧，字定生，宜兴人，因受到南明小朝廷迫害，愤懑抑郁而终。冒辟疆与陈贞慧为挚友，遂邀故人之子来宅居住，加以教导。陈维崧，字其年，号迦陵，1625年即明天启五年生，来到如皋冒宅时约三十出头。没有想到，陈维崧到冒宅后即与年仅十五岁的徐紫云相爱，冒辟疆乃以紫云赠之，维崧与紫云在冒宅一住竟达十年之久。

蒋京少撰《迦陵先生外传》云：

先生（陈维崧）客如皋者十年，主人冒君辟疆也。（中略）定生（陈贞慧）殁，辟疆招迦陵（陈维崧）读书于家，爱其才隽，为进声伎，以适其意。歌者杨枝度曲，紫云吹箫。十年间，迦陵诗文益复淋漓顿挫，所著有《射雉》《小三吾唱和》诸集。

尤侗《艮斋杂说》亦云：

（陈维崧）尝客如皋冒辟疆宅，嬖歌童紫云，相好若夫妇，冒遂赠之。画其小影，携之出入，同人题咏甚多，予亦有一绝。

陈维崧既与徐紫云同性相爱，为紫云创作了《徐郎曲》等大量诗词，皆极香艳；又请陈鹄为紫云画像，即《紫云出浴图》，遍请名士题咏，毫无避讳，大肆张扬，直至尽人皆知。令人瞠目结舌的是，题咏者大多数人对这桩事实上的同性婚姻都表示理解和包容，乃至于陈徐故事竟如冒董姻缘一样，成为广为流传的风流佳话。冒辟疆之后人冒鹤亭撰有《云郎小史》，记叙最为详尽。

张伯驹得方地山之助，从袁克权处得到这幅《紫云出浴图》，喜出望外，其《丛碧书画录》记：

纸本，着色。像可三寸许，著水碧衫，支颐坐石上，右置洞箫一。发鬖鬖然，脸际轻红，凝睇若有所思。卷中及卷后题咏，自张纲孙、陈维岳、吴兆宽、冒襄、王士禄、王士禛、崔华、尤侗、毛奇龄、宋荦等七十四人，诗一百五十三首，词一首。清末以后题者不计。是图盖写陈其年眷冒辟疆家伶徐九青故事之一，在当时已脍炙人口。雍正间图为吴青原所得，乾隆间有一摹本，为罗两峰画，陈曼生手录题咏。清末，是图归端方，摹本迄未发现。

张伯驹著录之余，意犹未尽，再邀陈夔龙、夏敬观、冒鹤亭、傅增湘、夏仁虎、傅治芗、夏孙桐、关赓麟等题咏之，赓续风流。

伯驹在《春游琐谈》之《紫云出浴图》文中又记：

> 余亦题诗二首，与书皆稚弱，颇使西子蒙不洁。有两句云："何缘粉本归三影，只有莲花似六郎"，余前岁得明牙印，刻莲花，篆"六郎私记"四字，俟图重装裱，原题诗去之，留此两句，改成《鹧鸪天》词，下钤此小印。余所藏书画尽烟云散，惟此图尚与身并，未忍以让。

伯驹诗"三影"，用宋张先典。陈师道《后山诗话》云：

> 尚书郎张先善著词，有云："云破月来花弄影"，"帘幕卷花影"，"堕絮轻无影"，世称诵之，号张三影。

"六郎"则用唐武则天男宠张昌宗典，昌宗行六，时人谀之云，人言六郎似莲花，正谓莲花似六郎。

"三影"与"六郎"皆张姓故事，伯驹尤爱"六郎"之典，每以"六郎"自喻。

张伯驹以收藏书画名世，其所有藏品中，偏以此幅《紫云出浴图》为至爱，终身不弃，伯驹此一心情，却是着实令人费解。

附　记《紫云出浴图》之归宿

冒鹤亭编撰《云郎小史》似在张伯驹收藏《紫云出浴图》之后，疑为应伯驹所请而作。张次溪为《云郎小史》作序，时在1937

年元旦。张次溪序称：

当康熙戊申（1668），云郎（徐紫云）年才二十有五，随其年（陈维崧）入都。日下胜流，震其声名，争欲一聆佳奏。南腔北播，菊部歌儿多暮其音。于是京邑剧风为之一变。

张伯驹身后，《紫云出浴图》归于旅顺博物馆。该馆研究员房学惠有《简析〈紫云出浴图〉卷》文，称：

旅顺博物馆藏《紫云出浴图》一卷，纸本设色，小像10厘米见方。画面为紫云穿水碧衫，右手轻搭腿部；左手支颐，若有所思。两腿交叉，右脚着地，左腿翘起，脚尖着地。衣衫宽肥，胸部、双臂及双腿半裸。长发轻拢垂于肩部，前额短发覆盖。面庞丰润泛红，眉目清秀。侧身坐于石上，身体右侧洞箫一支。图中除一石外，没有其他衬景。从侧身坐姿及左脚点地的姿态来看，作者捕捉的是主人浴后极为闲适的一个瞬间形态，而非正面肖像。人物画法考究，面部及肌肤轻轻勾勒，再层层晕染，极其写实。衣纹线条轻柔流畅，头发及眉毛画法精细，丝丝可见。眼睛用重墨点出，传神又传情。从小像的坐姿、神态及洞箫的布置来看，主人是一位面容娇俏、身材妩媚、擅长吹箫的青年男子。图中署款为"九青小像，五琅陈鹄写"，押"鹄"朱文印一方。

又：

小像所在纸的空白处、各接纸及各纸间的接缝处均为清代及近现代各名家为此图作的题识，共有题识者93人，题诗235首，词两阕。（中略）其中陈维崧湖海楼收藏阶段的题咏者有75人，共题诗160首，词一阕。吴槃和曹忍庵收藏时期均由收藏者本人题诗并由诗序，金棕亭收藏时期没有题跋。陆心源穰梨馆时期有时人李宗莲于甲申（1884）九月撼云郎遗事题诗十绝，端方及袁规庵（袁克权）收藏时期的题咏者有四人，题诗三首，张伯驹收藏时期的题咏者有11人，题诗31首，词一阕。

16. 张伯驹上海迎娶潘素

张伯驹在南京任职时间虽短，但在其一生中的意义却很重大。伯驹在这一年里结识了潘素。张伯驹《身世自述》云：

我到三十九岁，在上海与我的爱人潘素相遇，我们两方情愿结为配偶。

张伯驹《红毹纪梦诗注》亦记：

陈（伯华）在汉口艺名小牡丹花，冯玉祥之参谋长刘骥菊村亦汉口人，两人相爱。余三十八岁在南京司盐业银行事，菊村来南京曾相晤,问余:彼与一姝相爱,请教应如何始可。时余亦正与室人潘素相爱,对曰:"你向我请教,我又向谁请教?"后吾两人皆如《老残游记》结语:"愿天下有情人皆成眷属,是前生注定事莫错过因缘。"

张伯驹在前者所说是虚岁,后者则系实岁,均指系1936年事。刘骧,字谷生,号菊村,湖北钟祥人,1887年即清光绪十三年生,比伯驹大十一岁。其在辛亥革命期间参加滦州起义,为幸存者之一,后任冯玉祥国民革命军第一军参谋长,1928年后任国民革命军第二集团参谋长兼第三十军军长,"中原大战"失败后辞职。1931年9月任职军事参议院参议,1936年3月授陆军中将。陈伯华生于1919年,1934年以"筱牡丹花"为名唱红武汉。1936年与刘骧婚后退出舞台。张伯驹云,"卢沟桥事变后,陈(伯华)重登歌场,迫于势与菊村离异,但不更嫁,菊村之生活,仍由其担负,义可风也"。实则陈伯华系于共和国初期复出,担任武汉汉剧院院长,2015年1月病逝。

刘骧与陈伯华相差三十余岁,伯驹与潘素相差则近二十岁。潘素于1915年2月28日生,即民国四年乙卯正月十五元宵节。

关于张伯驹与潘素的恋爱传奇,伯驹世交孙曜东自云其为亲历之人,在口述《浮世万象》里记述说:

> 潘素女士,大家又称为潘妃,苏州人,弹得一手好琵琶,曾在上海西藏路汕头路口"张帜迎客"。初来上海时大字认不

了几个，但人出落得秀气，谈吐不俗，受"苏州片子"的影响，也能挥笔成画，于是在五方杂处、无奇不有的上海滩，曾大红大紫过，依我看，张伯驹与潘素结为伉俪，也是天作一对，因为潘素身上也存在着一大堆不可理解的"矛盾性"，也是位"大怪"之人。那时的"花界"似乎也有"分工"，像含香老五、吴嫣（后嫁孙曜东）等人，接的客多为官场上的人，而潘妃的客人多为上海白相的二等流氓，红火的时候天天有人到她家"摆谱儿"，吃"花酒"，客人们正在打牌或者吃酒，她照样可以出堂差，且应接不暇。那时有些男人喜欢"纹身"，即在身上刺花纹，多为黑社会的人，而潘妃的手臂上也刺有一朵花。最终她的"内秀"却被张伯驹开发了出来。

张伯驹（中略）每年到上海分行查账两次，来上海就先找我。其实查账也是做做样子的，一切事情基本都是吴鼎昌说了算，他来上海只是玩玩而已。既然来玩，也时而走走"花界"，结果就撞上了潘妃，两人英雄识英雄，怪人爱怪人，一发而不可收，双双坠入爱河。张伯驹第一次见到潘妃，就惊为天女下凡，才情大发，提笔就是一副对联："潘步掌中轻，十步香尘生罗袜；妃弹塞上曲，千秋胡语入琵琶。"不仅把"潘妃"两个字都嵌进去了，而且把潘妃比作汉朝的王昭君出塞，把她擅弹琵琶的特点也概括进去了，闻着无不击掌欢呼。

孙曜东所引伯驹联，巧虽巧矣，却未必佳。张伯驹《丛碧词》里之《湘月》与《琵琶仙》两首，疑为此一时期为潘素所作。

《湘月》序云：

石湖为白石（姜夔）旧游地，丙子（1936）暮秋同友买舟往游，红叶满山，清溪照影。船娘为具酒肴，不觉微醉。歌《暗香》《疏影》之曲，老仙宛在。今复隔世相和，其亦有宿缘乎？和白石声韵。

词云：

买舟俊约，记湖塘向晚，犹恋清景。溟入秋光，渐露柳荻雪，添成幽兴。暮野苍烟，斜阳红树，一片胭脂冷。螺鬟梳洗，黛痕乍敛妆镜。

相与醉倚兰桨，清波照鬓，起飞凫成阵。却少词仙，看坐客、犹似当年名胜。旧雨星星，垂虹渺渺，岁晚迟梅信。俞琴千载，絮因石上谁省。

其《琵琶仙》序云：

听莲琴女校书弹琵琶。依白石韵。

莲琴，疑即潘素。
其词云：

夜月楼头，有谁谱、旧怨荻花枫叶。纤指轻拨重挑，回肠倍凄绝。疑塞上、秋风带雁，似堤外、绿杨听鴂。苟自同心，弦能解语，幽意难说。

又还看、遮面无言，怕偷换、年华误芳节。忍惜落花身世，等飞蓬飘荚。应不惯、胡沙渐远，恨玉颜、马上驮雪。相遇同是天涯，更休轻别。

此二首若果为潘素作，潘素亦不能解，不过是伯驹自陈心迹而已。然而，张潘之恋却非寻常恋爱可比。孙曜东《浮世万象》记：

可是问题并非那么简单，潘妃已经名花有主，成为国民党的一个叫臧卓的中将的囊中之物，而且两人原先已经到了谈婚论嫁的程度，谁知半路杀出了个张伯驹。潘妃此时改口，决定跟定张伯驹，而臧卓岂肯罢休？于是臧把潘妃"软禁"了起来，在西藏路汉口路的一品香酒店租了间房把她关在里面，不许露面。潘妃无奈，每天只以泪洗面。而张伯驹是一个书生，此时心慌意乱，因他在上海人生地不熟，对手又是个国民党中将，硬来怕惹出大乱子，不像在北京、天津，到处都有他们张家的一亩八分地，他只好又来找我。那天晚上已经十点了，他一脸无奈，对我说："老弟，请你帮我个忙。"他把事情一说，我大吃一惊，问他："人现在在哪？"他说："还在一品香。"我说："你准备怎么办？"他说："把她接出来！"

我那时候年轻气盛，为朋友敢于两肋插刀，趁天黑我开出一辆车带着伯驹，先到静安寺路上的静安别墅租了一套房子，说是先租一个月，因为那儿基本都是上海滩大老爷们的"小公馆"，来往人很杂，不容易暴露。然后驱车来一炮一品香，买通了臧卓的卫兵，知道臧卓不在房内，急急冲进去，潘妃已哭得两眼桃子似的。两人顾不上说话，赶快走人。我驱车把他俩送到静安别墅，对他们说："我走了，明天再说。"其实明天的事伯驹自己就有主张了：赶快回到北方，就算没事了。我这头一直警惕着臧卓的报复，可是事情也巧，我后来落水替汪伪做事，此臧卓也投了伪，成为苏北孙良诚部的参谋长，仍是中将，我们见过面，大家心照不宣，一场惊险就这么过去了。

臧卓生于1890年，江苏盐城人，先后在陈铭枢的第十一军和唐生智的第八军担任参谋。唐生智多次反蒋失败，不得不屈服于蒋，1935年12月被选为中央政治委员会委员，担任军事委员会第一厅主任兼训练总监部总监，位尊而无兵权。臧卓随唐失势，转任国民政府军事参议院参议，1936年1月23日授陆军中将，亦徒具虚名罢了。如果孙曜东之回忆所述无误，臧卓虽遇伯驹夺爱，也奈何伯驹不得。其后臧卓参加了汪精卫伪政府，1941年3月30日任汪伪军事委员会委员（委员长汪精卫）。1975年病殁，著有《臧卓回忆录》。

17. 张伯驹四十岁寿日堂会（1）

张伯驹与潘素结婚的确切时间，张伯驹云系在民国二十五年即

1936年。

张伯驹《丛碧词》有《秋思》一首，序云，"秋夜同慧素宿丛碧山房不寐起吟，用梦窗韵"，疑为两人甫抵北平时所作，惜暂无其他资料可以佐证。

张伯驹表弟李克非在《霁雪初融忆丛碧——兼记山水女画家潘素》文中云：

> （潘素）弱冠适予表兄项城张伯驹氏。她在二十一岁时，即开始学画。初从朱德篁习花卉，后与老画家陶心如、祁井西、张孟嘉合作作画，相互切磋，共同提高。

依据李克非言推算，张潘成婚亦是在1936年，至晚在1937年初两人已经开始在北平共同生活。

就在张伯驹与潘素回到北平不久，张伯驹又做了一件轰动天下的事情，即伯驹四十岁寿日堂会，伯驹在《空城计》（实际上包括《失街亭》《空城计》《斩马谡》三折戏，今通称作《失空斩》）中饰演诸葛亮，杨小楼与余叔岩两大京剧头牌为其饰演配角马谡和王平。伯驹生日在正月二十二，当年公历则在1937年3月4日。

张伯驹在《红毹纪梦诗注》里自述说：

> 余四十岁生日，（余）叔岩倡议演剧为欢，值河南去岁发生旱灾，乃以演戏募捐赈灾，出演于福全馆。开场为郭春山《回营打围》，次为程继先《临江会》。因畹华（梅兰芳）在沪，

改由魏莲芳演《起解》。次为王凤卿《鱼肠剑》，次为杨小楼、钱宝森《英雄会》，次为于连泉、王福山《丑荣归》。大轴为《空城计》，余饰武侯（诸葛亮），王凤卿饰赵云，程继先饰马岱，余叔岩饰王平，杨小楼饰马谡，陈香雪饰司马懿，钱宝森饰张郃，极一时之盛。后遍载各戏剧画报，此为乱弹到北京后称京剧之分水岭。本年夏，即发生卢沟桥事变，叔岩病重，小楼病逝，继先、凤卿亦先后去世，所谓京剧至此下了一坡又一坡矣。

伯驹慨叹之余，赋诗云：

> 羽扇纶巾饰卧龙，帐前四将镇威风。
> 惊人一曲空城计，直到高天尺五峰。

张伯驹之文字，以词为最佳，诗次之，文章又次之。譬如对于此次载入京剧史册的辉煌演出，伯驹之叙述委实过于平淡，或出于其有意为之亦未可知。

关于此次演出，迄今八十余年间传于众口，不断被人记述，版本甚多。其中叙述最为生动者，首推丁秉鐩文；叙述最为准确者，首推谷曙光文。

丁秉鐩《菊坛旧闻录》之《张伯驹的〈空城计〉》文节选如下：

> 这出《失空斩》的王平和马谡既然敲定，有这两位名角唱

配角,可谓亘古未有。张伯驹自然是高兴万分,于是对其他角色,也都争取第一流了。这才赵云找了王凤卿,马岱找了程继先。马岱原是末角扮演,但也可以用小生的,这也是破格。其余角色:名票陈香雪的司马懿(原注:因为没有谈妥金少山),钱宝森的张郃。慈瑞泉、王福山的二老军带报子,反正都是第一流。

演出的地点,是隆福寺街福全馆,这里又要注释一下。北平有饭馆和饭庄子之别,(中略)饭庄子不多,但是地方大,家具、器皿齐全,且备有戏台,根本不卖散座,一桌两桌也不卖;专为喜庆婚丧大事而用,摆上百十桌酒席不算一回事。凡是有堂会的喜庆大事,都在饭庄子里办。著名的饭庄子有天寿堂、会贤堂、福寿堂,而福全馆是其中之一,规模很大。所以张伯驹在这里办庆寿堂会。

张伯驹平常演戏,一般人不认识他的不感兴趣,内行和朋友们也都认为是凑趣的事。这次《失空斩》的消息传出去以后,不但轰动九城,而且轰动全国,除了北方的张氏友好纷纷送礼拜寿,主要为听戏以外,不认识的人也都想法去拜寿为听戏。甚至有远在津沪的张氏戏迷友好,远道专程来听这出戏的。福全馆中,人山人海,盛况不必描述,就可想象而知。

而这天《失空斩》的戏,也逐渐变质。原来内行们陪他唱,是准备开搅起哄来凑凑趣儿的,后来因为配搭硬整,大家为了本身的令誉和艺术责任,就变成名角剧艺观摩比赛了;而最后却变成杨小楼、余叔岩争胜"比粗儿"的局面。大家的注意力都集中在这些望重一时的名角硬配上面,张伯驹的寿星兼主角孔明，每次出场除了至亲好友礼貌地鼓掌以外，大部来宾都把他当作傀儡。他促成了这空前绝后的好配角的戏，出了票戏天下第一的风头，自己在演完之后，却不免有空虚之感了。

《失空斩》第一场四将起霸，不但台上的四位角儿铆上，台下的来宾，也都把眼睛瞪得比包子还大，注目以观。头一位王凤卿的赵云，第二位程继先的马岱，当然都好，也都落满堂彩，但大家的注意力却全集中在王平和马谡身上。第三位余叔岩的王平起霸，一亮相就是满堂彩，首先扮相儒雅而有神采，简直像《镇潭州》的岳飞和《战太平》的华云，俨然主角。然后循规蹈矩地拉开身段，不论云手，转身，一举手一投足，都边式好看，干净利落。台下不但掌声不断，而且热烈喝彩。到第四位杨小楼马谡出场，虽然只是半霸，却急如雷雨，骤似闪电，威风凛凛，气象万千。尤其一声："协力同心保华裔"（原文如此。今通常用："保定我主锦江洪"——笔者注），更是叱咤风云，声震屋瓦。观众在掌声里，夹着"炸窝"的"好儿"（原注：内行管喝彩声震屋瓦叫"炸窝"）。四个人一报家门，又是一回彩声。这一场四将起霸，是这出戏第一个高潮。

就在所有来宾，啧啧称赞起霸之好的声中，张伯驹的孔明登场。来宾们除了张氏友好外，就是许多不认识他的人，因为人家是今天的寿星，再说，没有他，哪有这场好戏听。于是在拜寿和感动的心情下，所有来宾在这一场都特别捧场，出场有彩，"两国交锋"那一段原板，虽然都听不见，可是在"此一番领兵"那一句，大家都知道，余派在"兵"字这里有一巧腔，就是听不见，张伯驹一定得意地耍了这个巧腔了，那么就心到神知地喝一次彩吧！张伯驹在台上也许自己觉得这一句果然不错，哪知道是大家曲意逢迎呢！总之，张伯驹就在这一场落的彩声多，以后他的几场戏，除了友好捧场鼓掌以外，大家都郑重其事地听名角的戏了，对张只当看电影一样，不予理睬了。

下面第四场，马谡王平在山头一场，又是一个高潮，也可说是全剧精华。杨小楼把马谡的骄矜之气，刻画入骨，余叔岩表示出知兵的见解，却又不失副将的身分。两个人盖口之严，边念边做，连说带比划，神情和身段，妙到绝巅，叹为观止。那一场的静，真是掉一根针在地上都会听得见。因为盖口（原注：即问答对白）紧，观众听完一段，都不敢马上叫好儿，怕耽误了下一段，偶有一两个急性叫好儿的，前面必有人回头瞪他。直到马谡说："分兵一半，下山去吧！"王平："得令。"大家才松一口气，大批地鼓掌叫好儿。可惜那时候没有录影，如果这一场戏传留下来，真是戏剧史上珍贵资料，可以流传千古了。

第五场，王平再上，画地图，余叔岩边看地形边画，很细腻，不像一般的低头作画就完了。接着与张郃起打，和钱宝森二人平常是老搭档，严肃而简捷，败下。

六七八场过场开打，不必细谈。第九场马谡王平上，马谡白"悔不听将军之言"，小楼念时，带出羞愧，念完将头略低。王平："事到如今"，叔岩面上未现不满，并不过分矜情使气。两个人的三番儿念"走"，"走哇"，一个无奈，一个催促，意到神知，不温不火，默契而合作得恰到好处，台下又是不断掌声。王平下场，余叔岩使个身段，起云手、踢腿、抡枪、转身，同时把枪倒手（原注：右手交与左手），都在一瞬之间，美观利落，令人目不暇给，又是满堂好。马谡先惊，再愧，做身段，使像儿，然后转身狼狈而下，杨小楼又耍回一个满堂好儿来。戏就是这样演才好看，两个功力悉敌，旗鼓相当的人，在台上争强斗胜，抢着要好，那才有劲头儿，出现绝好的精彩。而台下也过瘾，越看越起劲，鼓掌喝彩，身不由己，台上下引起共鸣，打成一片，真是人生至高享受。只是这种情景，一辈子没有几回而已。

最后斩谡一场，余叔岩的王平，虽然只有两段共八句快板，却是斩钉截铁，字字珠玑。大家听完一段一叫好儿，就是觉得不过瘾，好像应该再唱十段才对似的。孔明唱完"将王平责打四十棍"，余叔岩仍按老例，扭身使个屁股坐子，一丝不苟，边式已极。等到马谡上来，杨小楼的唱工，当然难见功力，点到而已。在孔明马谡的两番儿叫头："马谡""丞相"，"幼常""武乡侯"，龙套"喔"了两次喊堂威之时，两人要做身段使像儿。杨小楼都用了矮架儿，这是捧张伯驹的地方。照例马谡有高架儿、矮架儿两种身段。可以用一高一矮，也可全用高或全用矮。杨小楼人高马大，张伯驹个子不挺高，若小楼使高架儿就显得张伯驹矮了，这是老伶工心细体贴人的地方。（中略）

张伯驹以演过这一出空前绝后大场面的《失空斩》而驰名全国。

四十生日堂会
(《十日戏剧》1937年第1卷第5期，1页)

18. 张伯驹四十岁寿日堂会（2）

张伯驹四十寿日堂会，谷曙光根据当日戏单，作有《余叔岩晚年演出徵实——兼谈空前绝后的"丛碧宴客堂会"》文，发表于《中国京剧》杂志2009年第3期，其文记云：

（前略）"丛碧宴客剧目"尤为珍贵，即号称"此曲只应天上有"的张伯驹福全馆堂会。这张戏单的装帧极其考究，绿底烫金字印刷，典雅中透着喜庆，恰与张伯驹的号"丛碧"完美契合。标题"丛碧宴客剧目"，时间地点是"丁丑年春节假座福全馆"。丁丑在1937年，"福全馆"在北京东四的隆福寺街，为有名的餐馆，约可容纳五六百人。该店的设备和餐具非常精致，而设置在店内的戏台尤其华丽。（中略） 戏目按原件照录如下：

《赐福》全班合演

《回营打围》郭春山、钱宝森、方宝全、霍仲三

《女起解》魏莲芳

《托兆盗骨》程霭如君、陈香雪君、罗万祥

《临江会》程继先君、钱宝森、方宝全

《文昭关》王凤卿君、鲍吉祥

《英雄会》杨小楼君、王福山、钱宝森、迟月亭

《丑荣归》筱翠花、王福山

《空城计》王凤卿君（赵云）、余叔岩君（王平）、张伯驹君（武侯）、杨小楼君（马谡）、程继先君（马岱）、周瑞祥（旗牌）、冯蕙林（司马昭）、霍仲三（司马师）、钱宝森（张郃）、陈香雪君（司马懿）、郭春山（老军）、胡三（琴童）、韩金福（琴童）

在戏单的左侧，还印了一个启事，照录如下：

去岁河南亢旱，区域广袤，灾情惨重。秋禾既已尽摧，春麦未全下种，饥民嗷嗷，待哺维殷。兹张伯驹君委托敝行代收赈款。诸君愿解囊助赈，请径交敝行汇往施放。

台衔另俟汇齐公布。顺颂春祺！

北平盐业银行
谨启
北平中国实业银行

这张戏单完整地记录了此场空前绝后的堂会的由头、时间、地点、戏目、演员等。先说由头。本来张伯驹四十寿辰，演戏为乐，自是意中事。可是他的家乡河南连年灾荒，民不聊生，作为河南籍的名流，他也不好意思在其生日大唱堂会高乐。张氏毕竟是聪明人，借寿辰一来演戏消遣，二来筹赈济之款，可谓一举两得。而且赈灾的由头也让那些心里不愿陪张氏唱《空城计》的名伶不好意思拒绝，毕竟这是"公益事业"，而当日的名伶都是以讲义气、急公好义著称的。张氏纵然出手阔绰，但如果没有这个由头，未必能请得动杨小楼诸人。从某种意义上讲，是赈灾的由头成全了这场空前绝后的堂会。

其次，戏单里有些人的名字后面加了"君"，有些又没有。一般来说，票友演戏往往加"君"字。如言菊朋正式"下海"前就是如此。此戏单里的程蔼如、陈香雪都是老资格的名票，张伯驹本人亦是票友，加"君"没有问题。为何程继先、王凤卿、杨小楼、余叔岩的名字也加"君"？笔者推断，这些演员是当日演出里最有名的老伶工，加"君"显示的乃是一种尊敬。

再次，除余叔岩外，很多陪张伯驹唱《空城计》的名伶都在前面再演一出好戏，以示尽力。按余叔岩与张伯驹的交情，余是应该单挑一出的，然而没有，或许还是因为身体健康关系。《空城计》的王平很难得，因为这是余叔岩生平最后一次演出了。此外，其他老伶工都是"双出"。郭春山的《回营打围》是久未露演的冷戏，而程继先的《临江会》、王凤卿的《文昭关》、杨小楼的《英雄会》，也都是在平时的营业戏里难得一见的好戏。这个戏目一定是深谙派戏之道的"资深戏提调"费尽心力的安排。张伯驹的"哼、哈二将"钱宝森、王福山更是卖力，在好几出戏里效劳。

复次，这张戏单的背后还显示出张伯驹独特的艺术审美观和不凡的鉴赏力。张伯驹当然是大戏迷，但他是带着浓厚"保守"色彩的戏迷（原注：这里的"保守"不带任何贬义）。他很看重京剧深厚的艺术积淀，爱惜有真实本领的老艺人，努力发掘传统戏里的精华。他不趋时、不赶时髦，对于因标新立异而红紫一时的艺人不感兴趣。张伯驹的这种作风一直延续到解放后。他组织京剧基本艺术研究会，延揽老艺人，筹办精彩演出，最后终因积极组织演出禁戏《马思远》《祥梅寺》而被打成右派。张氏爱戏，最终也因戏而跌入人生谷底，可为发一浩叹！

当然，丛碧宴客《空城计》之所以空前绝后，主要不是张伯驹本人的缘故，而是因为配角云蒸霞蔚、众星拱月。试想王凤卿的赵云、余叔岩的王平、杨小楼的马谡、程继先的马岱，这是何等辉煌的阵容！就连司马昭这样的扫边角色都由老伶工饰演。须知冯蕙林在清末是给老谭配戏的角儿、姜妙香的师傅，资格甚老。面对这份名单，怎不让人发思古之幽情？总之，这场《空城计》确实不负"此曲只应天上有，人间哪得几回闻"的美誉。

这场堂会距今已整整七十二年。不用说，当年现场看堂会、而今尚在人世者，如同凤毛麟角。硕果仅存的刘曾复先生就是当日的座上客。据他回忆，那天到场时，台上正在演《托兆盗骨》（原注：即《洪洋洞》），同时看戏的还有朱家溍先生。朱先生事后对刘说，张伯驹在开始前，发表了演讲，号召大家捐款云云。戏单上列了王凤卿的《文昭关》，但因为琴师赵济羹怕拉不好而临时换了《鱼肠剑》。刘先生还回忆，四将起霸，王凤卿第一个出场，一句"忆昔当年挂铁衣"翻高乐念，声震屋瓦，一下子把全场气氛调动起来。程继先的起霸老到规矩，不在话下。而武生泰斗杨小楼闲闲"比划"几下，就给人以"站满台"的充分视觉享受。可能还是因为长期不演的缘故，倒是余叔岩的起霸有些"努"着劲儿，略显有些要好的味道。须知，余叔岩的王平非常名贵，乃是其师谭鑫培的亲授（原注：老谭只教了叔岩一出半：一出《太平桥》，另外半出就是《失空斩》的王平）。我的老师吴小如先生上世纪六十年代曾跟随前辈艺人贯大元学戏。据贯先生讲，余叔岩亲口跟贯说了王平的演法，其中颇有与寻常演法不同之处。比如"斩谡"一场，诸葛亮唱"将王平责打四十棍"一句，在唱完"将王平责打"之后，有"啪、啪"两鼓楗子。在这极短的时间内，王平由脸朝里跪转而向外，同时甩发转360度，髯口推到外面，一个短暂亮相。诸葛亮再唱"四十棍"时王平恢复原状，一连串小身段竟在瞬间完成，异常精彩。不知陪张伯驹演出当晚，余叔岩是否露了这手。在四位大师级的前辈名伶面前，张伯驹本人表现得如何呢？刘先生说，张站在舞台中间，不难看，不做作，没有被人"欺"下去，这就难能可贵了。另外，那天有两家拍《失空斩》的无声电影，同仁堂乐家和吴泰勋。事后张伯驹本人留有一份胶片。解放后张将胶片捐给国家，不料却被北影厂在清仓时当成废品而烧掉。可惜京剧史上一份无价至宝就如此轻易地灰飞烟灭了。

谷曙光虽有当日戏单为凭，但实际演出往往会有所变化。戏单上列王凤卿演出《文昭关》，实则临时改为《鱼肠剑》，张伯驹此处记忆是准确的。所谓演员有用"君"字者，似系不取报酬之意，不宜理解为"尊敬"。又据伯驹表弟李克非云，《空城计》一场的二老军，当天系由郭春山与管翼贤饰演。

谷曙光文里云，朱家溍回忆张伯驹曾在演出前演讲，实则演讲者为李克非之父李鸣钟。李字晓东，河南沈丘人，1886年即清光绪十二年生，在冯玉祥军中任职，1922年任第十一师师长、豫东镇守使。1925年1月任绥远都统，授陆军上将衔。国民党国民政府改组后，先后任郑州市长、西北政治工作委员会委员长、河南省政府委员、第三十师师长、军事参议院参议等职。张伯驹寿日堂会时，李已无兵权，仅挂军事参议院参议及河南省政府委员之虚职。是日北平军政要员名流宋哲元、张自忠、冯治安、佟麟阁、赵登禹、秦绍文、李赞侯、章士钊等均来观看演出，李鸣钟以资深及河南籍之故，且系伯驹亲属，乃公推其致辞。演出所得约四千元善款，后悉由盐业银行捐赠灾区。张伯驹虽由此次演出博得"天下第一票友"之誉，名动天下，亦令无数人妒之入骨；而谷曙光所引刘曾复的评论，至为公允。

19. 收藏李白《上阳台帖》

　　1937年即民国二十六年对于张伯驹而言，可以说是其一生事业的巅峰。更为准确地说，应该说是旧历丁丑年，伯驹虚岁四十岁时，先后实现了杨小楼与余叔岩为其配演《空城计》、收藏李白《上阳台帖》、收藏陆机《平复帖》三件大事。

　　李白的《上阳台帖》也是一件流传有序的国宝级藏品。启功《李白上阳台帖墨迹》云：

　　　　纸本，前绫隔水上宋徽宗瘦金书标题"唐李太白上阳台"。本帖字五行，云"山高水长，物象万千，非有老笔，清壮何穷。

十八日，上阳台书，太白"。帖后拖尾又有瘦金书跋一段。帖前骑缝处有旧圆印，帖左下角有旧连珠印，俱已剥落模胡，是否宣和玺印不可知。南宋时曾经赵孟坚、贾似道收藏，有"子固"白文印和"秋壑图书"朱文印。入元为张晏所藏，有张晏、杜本、欧阳玄题。又有王庆余、危素、骆鲁题。明代曾经项元汴收藏，清初归梁清标，又归安岐，各有藏印，安岐还著录于《墨缘汇观》的《法书续录》中。后入乾隆内府，著录于《石渠宝笈初编》卷十三。后又流出，今归故宫博物院。它的流传经过，是历历可考的。

启功文未言近人收藏情况，仅云"后又流出"。张伯驹在《春游琐谈》之《三希堂晋帖》文里自述说：

（三希堂）《中秋》《伯远》两帖，余于民国二十六年（1937）春，并李太白《上阳台帖》，见于郭世五家，当为废帝溥仪在天津张园时所卖出者。郭有伊秉绶《三圣草堂额》，颇以自豪。但其旨在图利，非为收藏。当时余恐两帖或流落海外，不复有延津剑合之望。倩惠古斋柳春农居间，郭以二帖并李太白《上阳台帖》，另附以唐寅《孟蜀宫妓图》轴，王时敏《山水》轴、蒋廷锡《瑞蔬图》轴，议价共二十万元让与余。先给六万，余款一年为期付竣。至夏，卢沟桥变起，金融封锁。款至次年期不能付，乃以二帖退之，以《上阳台帖》、《孟蜀宫妓图》、烟客之《山水》、南沙之《瑞蔬图》留抵已付之款，仍由惠古斋柳春农居间结束。

张伯驹所云此帖系溥仪在津时卖出，仅是一种猜测。郭世五，名葆昌，字世五，号觯斋。河北定兴人。约1867年即清同治六年生。

张伯驹自郭氏处得来《上阳台帖》，虽对郭氏鉴赏水平极为佩服，对其人品则评价不高。伯驹《三希堂晋帖》文里评郭：

> 郭世五名葆昌，河北定兴人，出身古玩商。后为袁世凯差官，极机警干练，颇得袁宠任，渐荐升至总统府庶务司长。袁为帝制，郭因条陈应制洪宪瓷器，以为开国纪念，遂命为景德镇瓷业监督，承办其事。花彩样式，多取之内廷及热河行宫之物。袁逝世后，所取样本皆未交还，遂成郭氏觯斋藏瓷中之精品。郭氏鉴别瓷器，殊有眼识；收购论值，亦具魄力。再加上积年经验，海内藏瓷名家自当以其为冠。其为人与遭遇，使胸有翰墨，亦高士奇一流人物也。

傅振伦之于郭葆昌，较伯驹更为客观。《傅振伦自述》里记云：

> 郭葆昌字世五，河北定兴人，家贫，在北京东四某古玩铺学徒。性聪敏，为袁世凯赏识，委赴景德镇烧造居仁堂款"洪宪瓷"。喜藏书画、陶瓷，精鉴定。世五尝言：瓷与纸不特是

中国伟大发明，且与人生关系密切。降生必用纸，初生灌清毒散也盛以瓷瓶，贫富送终都以纸覆面，瘗以陶瓷咸食罐，因此他喜欢藏历代名窑，并善制纸。撰《陶乘》十卷与《瓷器概说》，与福开森印行英汉合璧的项子京《历代名瓷图谱》。

郭葆昌初为古玩铺学徒，后自己经营古董。民国初年，郭经有力者荐至总统府任承宣官，负责引领文官晋谒袁世凯。其人聪颖，擅长交际，人缘很好。袁静雪曾回忆，在中南海内，袁氏子弟游玩拍照，多由郭葆昌与袁克文两人摄影。袁世凯称帝前夕，郭葆昌先是承办制作冕旒龙袍，后又被任命为九江关监督，监制洪宪瓷，由此声名远播，从中获利亦丰。

故宫博物院最初成立时即任点查古物事项之事务员的庄严与郭葆昌亦有较好的关系，庄严在《前生造定故宫缘》里记录了许多与郭氏交往的情况，其中说道：

1924年宣统出宫，我便进入故宫博物院工作。1933年，阶升为古物馆科长。由于当时北方局势日渐吃紧，当局惟恐爆发战事，于是便将文物南迁。第一批由我与同仁负责押运，临行前，郭世五先生特别邀请马（衡）院长及古物馆馆长徐鸿宝（森玉）先生和我到他家吃饭（原注：就是坐落在北平秦老胡同的觯斋），那天吃的是一顿别致的火锅，锅子本身分许多格，各人在自己的格子里涮着各人爱吃的东西。饭后并取出他所珍藏的翰墨珍玩，供大家观赏，其中赫然有《中秋》《伯远》二帖。

庄严在同书又说道：

> 售卖三希堂快雪等三帖，其中《中秋》《伯远》二件，溥仪未出宫前，为其继母瑾妃据为已有，私自售之外间。民国初年，为定兴郭世五所得，民国廿五年（1936），笔者离平南下。世五先生，祖饯于其觯斋，座中有马无咎（马衡）徐森玉两先生，酒酣出此二帖欣赏。

庄严两处的说法，在郭宅吃饭的时间不甚统一，但均在张伯驹收购《上阳台帖》之前。这就是说，郭葆昌是事先得到故宫文物南迁的秘信，预感到战事将起，方才急将《上阳台帖》《中秋帖》《伯远帖》《孟蜀宫妓图》等一并作价二十万元，让渡给张伯驹。此是否即张伯驹所谓郭氏为人"极机警"之处？张伯驹彼时正处于迎娶潘素、票演《空城计》之兴奋状态，未能及时洞察。而伯驹虽付出六万巨款，收得《上阳台帖》等数幅巨迹，郭葆昌实亦未曾亏欠伯驹。

20. 稊园诗社、蛰园律社与瓶花簃词社

张伯驹三十岁开始收藏书画、学戏、填词，到了四十虚岁时，收藏书画与京剧两项，已然达到巅峰，完全称得上是第一流之收藏家与"天下第一名票"。如同命运安排一般，1937年7月7日卢沟桥事变爆发，日军占领北平，张伯驹不能返回南京盐业银行任职，只

好蛰居北平，与一些老派文士诗词唱和，无形中又提高了伯驹的诗词水平。张伯驹《春游琐谈》之《诗谜》记：

卢沟桥事变后少出门，但月聚于蛰园律社诗会，并时作诗谜戏，参与者有夏枝巢、郭啸麓、陶心如、瞿兑之、刘伯明、杨君武、黄公渚兄弟等。

蛰园律社的核心人物是郭啸麓。郭名则沄，字蛰云，号啸麓，祖籍福建闽侯即今福州，1882年即清光绪八年壬午生于浙江，1903年即光绪二十九年中进士。后受知于徐世昌，历任浙江温处道兼瓯海关监督、署理浙江提学使，民国初期任政事堂礼制馆提调、铨叙局局长。1918年徐世昌任大总统时，郭任国务院秘书长；徐氏退任后，郭则沄亦告别政坛，隐居天津家中，以组织诗社、词社为乐。卢沟桥事变后，郭则沄从天津移居北平，在北海团城设立北京古学院，研究经史、诗词，访求古籍，砥砺后进，同时也在北平又办起诗社。夏孙桐之子夏纬明（慧远）《近五十年北京词人社集之梗概》记：

及卢沟桥事变后，郭啸麓由天津移居北京，又结蛰园律社及瓶花簃词社。每课皆由主人命题备馔。夏枝巢仁虎、傅治芗岳棻、陈纯衷宗藩、张丛碧伯驹、黄公渚孝纾、黄君坦孝平、关颖人、黄嘿园，皆为社中中坚。此时颖人亦有稊园诗社，兼作诗钟，但不作词。此乃寒山诗社之后身也。每期由主人命题，而社友分任餐费。与蛰园人才互有交错,有列一社者,有二社兼入者。京师骚坛,不过寥寥此数耳。迨啸麓逝世,蛰园瓶花,遂同萎谢。

民国初期,樊增祥、易顺鼎等"同光体"诗人曾在北京组织过"寒山诗社",盛极一时。关颖人主持的稊园诗社,作为"寒山诗社"之延续。关氏名赓麟,字颖人,广东南海人,1880年即清光绪六年生,1904年甲辰科进士,清时曾任兵部主事,民国后历任邮电部主事、京汉铁路局局长、交通部路政司司长、北京交通大学校长、国民政府铁道部参事等职。

从郭则沄与关赓麟两位诗社组织者的经历即可知道,参加蛰园、瓶花簃、稊园等诗词社团者,大多是有着深厚的旧学基础,曾经在科举中获得过功名,也不乏曾经留洋者;在清末与民国初期做过官,又有些积蓄的"遗老"。这些人饱经世变,与国民党政权关系疏远,不屑与之为伍;抗战爆发后,他们更是洁身自爱,坚持不与日军及日伪机构合作。1942年,伪华北政务委员会常务委员兼教育总署督办周作人出面邀请郭则沄出任伪职,郭则沄在《国学丛刊》第11册发表《致周启明(作人)却聘书》,公开拒绝周氏的聘请,自称"性懒甚于叔夜,齿豁类于昌黎。韬庸养拙,久与世而相遗";而且与周氏撇清关系,云"某于明公(指周作人),交非缟纻,契以声闻"。在郭则沄等人的带动下,蛰园、稊园、瓶花簃等诗词社团成员,在抗战期间,安贫乐道,以赏花赋诗为事,托音问写,互有述造,怡然自得其乐,罕有失节"落水"者,迥异于南方诗坛。

张伯驹七岁从老家项城北上天津以来，因不断改换居住地和变换学校，始终没有得到过良好的系统教育；所幸的是，伯驹天性聪慧，刻苦自修，因而才能吟诗作对，以文士自居，然究其根底毕竟多有欠缺。张伯驹年至不惑参加稊园、蛰园、瓶花簃诸社，谨可作为"遗少"；得到郭则沄、关赓麟、夏仁虎等前辈引领指导，熏陶培养，对于伯驹而言，恰是令其诗词创作归了路，如同其唱戏之拜余叔岩，真正接续到传统的主脉，并从中源源不断得到养分。包括张伯驹收藏书画，亦得诸老顾问，受益良多。更为难得的是，这一"遗老""遗少"群体，在日后数十年里与张伯驹保持着友谊，即便是在伯驹落难时，亦不曾弃之而去。

大约在1939年，张伯驹将自己的词作，首次编成《丛碧词》刊行，即可视为其参加诸诗社之成果。邓云乡《文化古城旧事》里记云：

> 我有一本原刻本张伯驹先生的《丛碧词》。这本书白绵纸印的，仿宋大字刻本，按照版本目录学家的说法，这是"黑口"、"双鱼尾"、页十行、行十八字、瓷青纸书衣、双股粗丝线装订。扉页是"双鉴楼主"傅增湘题"丛碧词"三字，是苏字而稍参颜鲁公，写得极为工整典雅。后面是枝巢子夏仁虎老先生的序，再后是郭则沄老先生的序，都写于"戊寅年"，即1938年，已是沦陷后在北平所刻。书很漂亮，古香古色的一本书，当年是印了送人的，原来印得就少，现在流传更为稀少，我能无意

中在旧书店中遇到,可谓幸事。(中略)

这本词是在北平沦陷时期印的,所以枝巢子一开始就在序中说:"会罹世变,逢此百忧,沧桑屡易,小劫沉吟,骨肉流离,音书阻断,幽居感喟,时复有作。"调子虽然低沉,但感人很深。

丛碧词的风格,是"花间"的正宗,十分婉约。(中略)序是戊寅年所写,但词却收有己卯年的词,已是1939年。其书之刻,更在其后了。

邓云乡所购得之《丛碧词》,就应是伯驹在诸社老先生们指点下编辑而成的《丛碧词》初版本,也是其在诗词方面所取得的最早成果。

21. 收藏陆机《平复帖》(1)

卢沟桥事变后,在旧历丁丑年十二月二十九日,即1938年1月30日,经傅增湘居间,张伯驹从溥心畬处购得西晋陆机《平复帖》,这意味着张伯驹在中国书画收藏方面,又登上了最高峰。

原载于香港三联书店1985年版《故宫博物院藏宝录》的王世襄《西晋陆机〈平复帖〉流传考略》一文称:

在故宫博物院历代书画中,曾陈列在最前面的西晋陆机写的《平复帖》,是一件在历史上和艺术上有极端重要价值的国宝,我国的书法墨迹,除了发掘出土的战国竹简等以外,历代在世上流传的，而且是出于有名书家之手的，要以陆机的《平复帖》为最早。今天，上距陆机（261—303）逝世的时候已有1650多年。董其昌曾说过，"右军（王羲之）以前，元常（钟繇）以后，唯存此数行为希代宝"（《平复帖》跋）。实际上在清代弘历（乾隆）所刻的《三希堂法帖》中位居首席的钟繇《荐季直表》并不是真迹。明代鉴赏家詹景凤就有"后人赝写"的论断。何况此卷自从在裴景福处被盗去后，已经毁坏，无从得见。在传世的法书中，实在再也找不出比《平复帖》更早的了。

这并非是王世襄一人之看法而是为世所公认。张伯驹得此至宝，自然亦有一番曲折。伯驹《春游社琐谈》有《陆士衡平复帖》记云：

西晋陆机《平复帖》，余初见于《湖北赈灾书画展览会》中。晋代真迹保存至今，为惊叹者久之。卢沟桥事变前一年，余在上海闻溥心畲所藏韩幹《照夜白图》卷，为沪估叶某买去。时宋哲元主政北京，余急函声述此卷文献价值之重要，请其查询，勿任出境。比接复函，已为叶某携走，转售英商。余恐《平复帖》再为沪估盗买，倩阅古斋韩君（应为"悦古斋"）往商于心畲，勿再使流出国外，愿让余可收，需钱亦可押。韩回复云："心畲现不需钱，如让，价二十万元。"余时无此力，只不过早备一案，不致使沪估先登耳。次年，叶退庵（叶恭绰）举办

《上海文献展览会》，挽张大千致意心畬，以六万元求让。心畬仍索价二十万，未成。

按：庄严《前生造定故宫缘》记：

在民国十几年，有些满族旧皇裔的书画收藏，常常卖到国外去，譬如过去溥儒（溥心畬）先生便有一件很有名的唐代韩幹的《照夜白》一开册页（原注：图上有编著《历代名画记》的张彦远的"彦远"二字名款和一方南唐时代的用黑色钤盖的木印，极为难得），便卖给英国有名的中国古物收藏家大卫德爵士。

张伯驹云韩幹《照夜白图》流落海外，确是事实。

《照夜白图》与《平复帖》的原藏者溥心畬，名儒，初字仲衡，后改心畬，以字行。生于1896年即清光绪二十二年，为恭亲王奕訢之孙，贝勒载滢之次子，幼年即有神童之称。其于清末民初避居京郊戒台寺，潜心读书十年，号"西山居士"。1924年，其兄溥伟将王府售于辅仁大学，溥心畬复以每年八百元价格将府中"翠锦园"租回居住。1930年2月，溥心畬与夫人罗清媛（清陕甘总督升允之女）在中山公园水榭首次举办伉俪画展，"旧王孙"之名不胫而走，风行海内外。1933年，其画作《寒岩积雪图》又在德国柏林中德美术展览会获奖。1936年初，溥心畬与张大千、张善孖兄弟，以及萧谦中、胡佩衡、徐燕荪、于非闇、何海霞等赴天津举办联合画展；返京后又于中山公园水榭举办第二次画展。于非闇以"南张北溥"并称云：

张八爷（张大千）是写状野逸的，溥二爷（溥心畬）是图绘华贵的。论入手，二爷高于八爷；论风流，八爷未必不如二爷。南张北溥，在晚近的画坛上，似乎比南陈北崔、南汤北戴还要高一点。

张伯驹所言之"湖北赈灾书画展览会"，约在1934年，溥心畬正在春风得意之时。其后，伯驹不揣冒昧，命琉璃厂悦古斋掌柜韩博文居间，请溥心畬出让《平复帖》，溥索价二十万，应非实价，即是恼伯驹失礼而开天价以拒之；伯驹乃再请与溥交好之张大千出面，溥则余怒未消，仍是不予理睬。此一过程，就是"小王爷"与"大少爷"相互斗气罢了。

张伯驹《春游社琐谈》之《陆士衡平复帖》续记：

（1937）至夏，而卢沟桥事变起矣，余以休夏来京，路断未回沪。年终去天津，腊月二十七日回京度岁。车上遇傅沅叔（傅增湘）先生，谈及心畬遭母丧，需款正急，而银行提款复有限制。余谓以《平复帖》作押可借予万元。次日，沅老语余，现只要价四万，不如径买为简断。乃于年前先付两万元，余分两个月付竣。帖由沅老持归，跋后送余。时白坚甫闻之，亦欲得此帖转售日人，则二十万价殊为易事，而帖已到余手。北京沦陷，余蛰居四载后，携眷入秦，帖藏衣被中，虽经离乱跋涉，未尝去身。

按：溥心畬的生母项太夫人于1937年12月28日病逝。项太夫人在溥心畬隐居西山之际，亲自教授其读书习字，督导甚严。溥心畬亦事母至孝，项太夫人停灵什刹海广化寺期间，溥心畬悲恸欲绝，刺舌血写《心经》，又以金粉在棺木上写满蝇头小楷的经文，见者无不震撼。溥心畬欲为母亲举行隆重葬礼，然而战时金融管控，心畬手上现银不多，一时难住。

其实，早在卢沟桥事变前夕，国民政府已经预感战事将起，如同故宫文物南迁一样，政府也在忙于抢运华北地区的金银现钞。时任财政部次长徐堪曾致函外交部告知，"查北平存银约一千五百万元，存贮东交民巷；天津存银约四千一二百万，存贮法租界"。迄至1937年7月29日，北平、天津、济南等地各银行存钞，较事变前减少一半以上，即为政府抢运之结果。国民政府亦开始转移在上海之资产，做好大战准备。

值此溥心畬用钱之际，张伯驹遂又有了机会。

丁丑年腊月二十七日即1938年1月28日，亦即溥心畬母病逝整一个月，张伯驹从天津回北平的车上遇到傅增湘；29日傅在双方间传话说妥，30日《平复帖》由傅自溥心畬处取至其家。

张伯驹《素月楼联语》云：

（前略）除夕日取来于沅叔（傅增湘）家同观。

丁丑年腊月没有三十，二十九即除夕，则《平复帖》自溥而傅而伯驹，时间俱已清楚。

22. 收藏陆机《平复帖》（2）

张伯驹在丁丑除夕终于得到梦寐以求的《平复帖》，但却不能马上拿回家中，居间之人傅增湘要为《平复帖》题跋。

傅增湘，字沅叔，号藏园居士、藏园老人。1872年即清同治十一年生，祖籍四川江安，长于天津，虚岁十七岁即应顺天府乡试中举；后又在保定莲池书院受业于吴汝纶，因而被转荐于直督袁世凯，1902年入袁世凯幕，结识刘永庆、王士珍、冯国璋、段祺瑞等北洋文武要员，还曾随刘永庆赴江北提督任，在刘幕任职八月余。1898年及张伯驹所生之年，傅增湘考取进士，授职翰林院编修；其后历任京师女子师范学堂总理、直隶提学使。民国初年，任职肃政史、教育总长。恰在其任教育总长时期，五四运动爆发，曹汝霖还在回忆录里记：

傅沅叔（傅增湘）总长来慰问，他说我听到消息，即到北大劝说，但已预备出发，阻挡不住，请你原谅，想不到学生竟如此大胆荒唐。

傅增湘则在《藏园居士六十自述》里称：

不意"五四"之役起，调停无术，遂不得不避贤而远引耳。

傅增湘辞去教育总长职后即退出政界，"余夙性疏简，澹于宦情，独于山水清游，卷帙古芬，乃有殊尚"。其致力于藏书及整理古籍，藏书达二十余万册，多珍本秘本；宅中藏书楼名"双鉴楼"，即系其藏有元刊《资治通鉴》及宋百衲本《资治通鉴》，因之又号"双鉴楼主"。傅氏勘校古籍之外，亦好交游，与周肇祥、郭则沄、张国淦、俞陛云、陈云诰、溥心畬等人每周轮流一次做东，谈文论语，不与尘事。傅增湘在为《平复帖》所作千字长跋里，即记入其与心畬之交往。

余与心畬王孙昆季缔交垂二十年，花晨月夕，觞咏盘桓，邸中所藏名书名画，如韩幹《蕃马图》（即《照夜白图》）、怀素《苦笋帖》、鲁公（颜真卿）书《告身》、温日观《蒲桃》，号为名品，咸得寓目，独此帖秘惜未以相示。丁巳岁暮，乡人白坚甫来言：心畬新遘母丧，资用浩穰，此帖将待价而沽。余深惧绝代奇迹，仓促之间所托非人，或远投海外流落不归，尤堪嗟惜。乃走告张君伯驹，慨掷巨金易此宝翰，视冯涿州（冯铨）当年之值，殆腾昂百倍矣。嗟乎！黄金易得，绝品难求，余不仅为伯驹赓得宝之歌，且喜此秘帖幸归雅流，为尤足贺也。翌日赍来，留案头者竟日，晴窗展玩，古香馥蔼，神采焕发。

傅增湘不愧为晚清桐城古文鲁殿灵光之吴汝纶弟子，其跋义理兼具，文采斐然，神气十足，堪称民国散文佳制。傅跋既言"半载以来，闲置危城，沈忧烦郁之怀，为之涣释"，复表扬伯驹云：

伯驹家世儒素，雅擅清裁，大隐王城，古欢独契，宋元剧迹，精鉴靡遗。卜居西城，与余衡宇相望，频岁过从，赏奇析异，为乐无极。今者鸿宝来投，蔚然为法书之弁冕，墨缘清福，殆非偶然。

傅氏文章至此略有破绽，倘张伯驹"家世儒素"，何以百倍于冯铨之价而得《平复帖》；傅增湘宅在北京西四石老娘胡同，即在今西四北五条七号，与张伯驹弓弦胡同宅相去不远，若云"衡宇相望"，则未免不实，然此皆无伤大雅。

傅增湘文末署"岁在戊寅正月下浣"，则《平复帖》留置"藏园"约近一月，傅跋必经字斟句酌，数易其稿，尤不易也。

《平复帖》之价值，从最初溥心畬开价二十万，至伯驹收藏，价至四万。但伯驹所云价格，前后不一。伯驹《春游社琐谈》之《陆士衡平复帖》记为"四万"，至《素月楼联语》里又云"后以三万元得之"。香港《大成》杂志第102期载溥心畬弟子林熙文《张伯驹及陆机〈平复帖〉》，又引叶恭绰及张大千函，说法不一。

叶恭绰致友人函：
　　至于心畬所藏陆机《平复帖》及韩幹画马等，余曾屡劝其须保存于国内。嗣余南下，渠曾浼人来云，如余购藏，可减至四万金（原注：先索十万）。余以无此力，婉却之。

张大千致友人函：
　　心畬陆机《平复帖》，某君将掮之卖与日人，吾蜀傅沅叔先生闻之，亟往商张君伯驹，毋使此国宝流诸国外。张君遂以二万金留之，另以二千金酬某君。

如此张伯驹收《平复帖》遂有二万、三万、四万等三个价格，目前无法辨别孰真孰伪。大千函所云某君，即应系琉璃厂古董商白坚甫。张伯驹则未言曾付款白坚甫事。

张伯驹在一年之内，先以杨小楼、余叔岩为《空城计》之配演，享"天下第一名票"后，又得"天下第一帖"之《平复帖》，其人亦从此名满天下，独步天下。

不过，张伯驹在《春游社琐谈》之《陆士衡平复帖》里，也谈到两件关于《平复帖》而引起不愉快的事情。其一是，张伯驹以为，"帖书法奇古，文不尽识，是由隶变草之体，与西陲汉简相类"。伯驹乃托启功作出释文。但启功释文作毕，伯驹不甚满意，重又作出一稿；启功对于张伯驹之释文，亦不予认同。启功晚年出版《启功丛稿》，论文卷收《〈平复帖〉说并释文》，依然是固执己见，没有采纳张伯驹的意见。有趣的是，启功另有《题丛碧堂张伯驹先生鉴藏法书名画纪念册》诗，句有：

陆机短疏三贤问，
杜牧长笺一曲歌。

所谓"三贤问"，窃以为系化用南宋楼钥《送赵晦之丞彭泽》诗意。楼诗云：

本會會長交通次長葉恭綽君

叶恭绰
(《铁路协会会报》1917年第56-57期，3页)

>渊明事晋肯臣刘，仁杰忠良不附周。
>
>见说三贤参羽士，盍将吴簿配萍羞。

此处之"三贤"，用南阳三贤山之典，据云曾有三道士救汉光武帝刘秀于此，"羽士"即道士。启功化用"三贤参羽士"传达其对于《平复帖》释文公案之微妙态度，不能不令人拍案称奇。

深感遗憾的是，《平复帖》之释文，虽多家争鸣亦难论定，然今日含故宫博物院在内，所刊《平复帖》释文，皆用启功稿而置伯驹心血于不顾，恰可以楼诗"渊明事晋肯臣刘，仁杰忠良不附周"论之。

其二是，王世襄曾向张伯驹借阅《平复帖》研究。王世襄《〈平复帖〉曾在我家——怀念张伯驹先生》文记：

>我和伯驹先生相识颇晚，1945年秋由渝来京，担任清理战时文物损失工作，由于对文物的爱好和工作上的需要才去拜见他。旋因时常和载润、溥雪斋、余嘉锡几位前辈在伯驹先生家中相聚，很快就熟稔起来。1947年在故宫任职时，我很想在书画著录方面做一些工作。除备有照片补前人所缺外，试图将质地、尺寸、装裱、引首、题签、本文、款识、印章、题跋、收藏印、前人著录、有关文献等分栏详列，并记其保存情况，考其流传经过，以期得到一份比较完整的记录。上述设想曾就教于伯驹先生并得到他的赞许。
>
>为了检验上述设想是否可行，希望找到一件流传有绪的烜

赫名迹试行著录,《平复帖》实在是太理想了。不过要著录必须经过多次的仔细观察阅读和抄写记录,如此珍贵的国宝,怕伯驹先生会同意拿出来给我看吗?我是早有着被婉言谢绝的思想准备去向他提出请求的。不期大大出乎意料,伯驹先生说:"你一次次到我家来看《平复帖》太麻烦了,不如拿回家去仔细看。"就这样,我把宝中之宝《平复帖》小心翼翼地捧回了家。

王世襄借阅《平复帖》月余,其研究文章则是发表于十年之后,即《西晋陆机〈平复帖〉流传略考》。

张伯驹读后,在《春游社琐谈》之《陆士衡平复帖》里淡淡地说:

> 王世襄有《〈平复帖〉流传考略》一文,颇为详尽,载1957年第1期《文物参考资料》中。而对余得此帖之一段经过,尚付阙如,今为录之。

王世襄当是亦曾见到张伯驹此文。1985年香港三联书店出版的《故宫博物院藏宝录》收入王世襄《西晋陆机〈平复帖〉流传考略》,王氏复于文末补写入张伯驹事迹,但伯驹已于三年前病殁了。

23. 张伯驹贵阳会见吴鼎昌

1936年秋至1938年1月,是张伯驹一生中的最高潮,娶潘素、唱"空城",收得《上阳台》与《平复帖》。但是这一阶段,也是国家灾难深重之际,卢沟桥事变爆发后,天津、上海、苏州、太原、济南、南京、武汉、长沙相继沦陷,国民政府被迫迁到重庆。1938年12月,国民党第二号人物汪精卫对于抵抗战略表示绝望,公然逃离重庆投靠日军,更是引起民众的担忧和恐慌。北方大量难民,以及大学里的老师和学生,纷纷涌向西南大后方,开始流亡生活。到了1939年春,战事进入僵持局面,张伯驹应是也希望了解大后方情况,于是偕潘素从北平出发,先至上海,再乘船到香港,转飞机到河内,再由河内至昆明、重庆,复由重庆赴贵阳,再折返到峨眉山、青城山,抵成都,从成都至沪,最后自沪北返回到北平,全程达数月之久。

张伯驹一路之上见山河破碎,民不聊生,感慨忒多,纪之以词。譬如《扬州慢·武侯祠》,有直刺蒋介石意,讽其军事指挥无能。词云:

  似当年,羽扇纶巾,指挥若定,谁解谈兵?看江流石在,寒滩犹咽孤城。(中略)正中原荆棘,沾襟来吊先生。

又如《清平乐·贵州道中》:

  野营空戍,榛莽游孤兔。四外烽烟天欲暮,风雨伏波铜柱。春来燕子先还,天涯客意阑珊。只有一身愁梦,却过无数关山。

张伯驹到贵州,却不是来看"伏波将军",而是要与吴鼎昌会面。吴鼎昌在1937年11月20日被蒋介石任命为贵州省政府主席,后又兼滇黔绥靖公署副主任(主任龙云),成为全国未沦陷地区唯一文职出身的地方最高首长。吴鼎昌在政治上的确是具有深谋远虑,其未雨绸缪,在1936年3月即发表《国难中之衣食住问题》,提出:

吃得少,穿得少,住得少,拿多的材料去换外国的生产机器;吃得坏,穿得坏,住得坏,拿好的材料去换外国的生产机器。生产工具欢迎外货,消费物品专用国货。

这样的经济政策,在国难期间无疑是行之有效的。蒋介石命吴氏驻守大后方的贵州,应是发挥其经济专长。王芸生遗作《回忆几个人和几件事》里即特别指明一点,就是"吴鼎昌这个人非常精明,而且是个善于做官的人"。李一翔《银行家,政治家,抑或其他——近代中国银行家的多面人生探析》文章亦云,吴鼎昌"人生最大的理想和兴趣在于从政"。吴鼎昌在贵州省政府主席任上,非常出色,其著有《花溪闲笔初编》及《花溪闲笔续编》,记录下在贵州的工作及思考。

可是,一贯对吴鼎昌抱有成见的张伯驹,并不认可吴氏的功绩。伯驹在《盐业银行与我家》文里记述了在贵阳与吴氏会面的情况,云:

1939年春,我经香港乘飞机到河内,转到重庆,去贵阳访吴鼎昌。他这时任贵州省主席兼滇黔绥靖主任（实为副主任）。我见到他时，他穿着陆军上将的军服。多年来我在盐业银行里见着他都是长袍马褂，脚穿双梁鞋，今天他这样打扮，使我忍俊不已。他问了一些华北沦陷后的情况，随后谈到盐业银行今后的做法。他说现在原则上应该守，不要多做生意，保住已有基础；并要我回去后把这意思告诉任凤苞、王绍贤、岳乾斋等人。我住了两天，向他告辞。后来我到峨眉、青城游山玩水，旅行了一些时候，到成都才转回上海。回到上海后，方悉王绍贤把盐业银行的老家当已通通赔光，吴鼎昌要我转达的话已没有用处。我赶到北平与岳乾斋商量，决定把王绍贤接回北平。又到天津，把王绍贤在上海发生的事告知任凤苞，他以代理董事长身分写了一封信交给我，请我以董事名义照料总管理处的业务，于是我到上海定居下来。

吴鼎昌对于时局的判断是准确的，其要求盐业银行守住家底，当然是明智之举。现在无法判断，如果张伯驹及时传话给王绍贤，是否能阻止住王氏的行动，避免盐行发生重大损失，因而也无法在此事上追究张伯驹之责任。王绍贤因在上海购进大量橡胶、小麦，以及美国国债和外汇，但因英国对德绥靖主义政策失败，导致外汇和物资价格狂跌，盐业银行不仅赔进几乎所有的美元储备，还欠债三十万美元。王绍贤情急之下，一病不起，返回北平疗养。盐行上海行由萧彦和担任经理。秋末冬初，张伯驹被派往上海，帮助照料盐行事务。

24. 张伯驹原配夫人病逝

张伯驹偕潘素南游，返回北平的具体时间不详。1939年从6月中旬开始，平津地区连降大雨，7月末两次发洪水，将平津铁路路基冲毁；7月至8月间，天津城市被淹，瘟疫流行，死伤逾万。张伯驹当系在水灾发生前已经返回北平。伯驹《身世自述》称：

> 到民国二十八年（1939），天津发生水灾，我家也淹在水中。这时，孙善卿庶母同王韵缃都来北京暂住。我想趁这时候，把天津家庭合并在北京一起，计划在北京宅的空地建一所房，专供孙善卿庶母居住。如果她不来住，我就不负担天津家庭的开支。我首先征求王韵缃的意见，她回答她不到北京住，她还要同孙善卿庶母住。在她心里，因为多数的遗产在孙善卿庶母手里，将来孙善卿庶母死后都归她所有。但是，她了解不到将来的局势与经济情形。
>
> 这一年，我的原配李氏去世，所有遗物，首饰、衣服、家具，都由王韵缃接收。这一年年底，我父亲的第五同居李氏去世，所遗衣物首饰也由王韵缃、邓韵绮、刘张家芬（原注：我叔父之女）均分。

张伯驹之子张柳溪回忆：

（伯驹原配李氏夫人）死于1939年，当时天津闹水灾，我和父亲都在北京。她的丧事由我妈妈负责照料，我被叫回天津为她打幡当孝子，父亲没有回天津。

张伯驹的原配夫人李氏在水灾中于津病殁，回顾这段"都是当年嬉逐侣""香车引动降神仙"的姻缘，伯驹不应无动于衷。张柳溪说李氏："她和我父亲一直没有建立起真正的感情，而且结婚多年也没有生儿育女。"但是，在张伯驹《丛碧词》里，有两首词是较为特别的。其一是：

西子妆

己卯中元液池泛月。依梦窗韵。

星点珠光，月摇镜影，隔岸疏灯沉雾。曲阑垂柳碧阴阴，望双虹、卧波桥堁。风梧乍舞，渐到耳、秋声难住。问罗衣、逗一襟凉意，能禁多许。

时欢误，戍鼓楼钟，甚又催人去。只余酒气和烟痕，尚依回、画船深树。清词丽句，看都是、离别歌赋。待何时、后会重招旧雨。

己卯中元是1939年8月29日。伯驹并未注明是日与何人一起在北海泛舟，而其情绪之低落，以"清词丽句"作"离别歌赋"，显系是有所指向。另一首词是《念奴娇·中秋寄内》，词云：

无人庭院，坠夜霜、湿透闲阶堆叶。月食团圞今夜好，可奈个人离别。倚遍云阑，立残花径，觸绪添凄咽。满身清露，更谁低问凉热。

　　记得去年今日，盈盈双袖，满地明如雪。只影那堪重对比，美景良辰虚设。玉漏无声，银灯息焰，总是愁时节。谁家歌管，任他紫玉吹彻。

这一首伯驹没有注明年份。词题"寄内"，无论是潘素，抑或邓韵绮、王韵缃，此时均无正妻名分。词末偏用"紫玉"之典，紫玉即紫竹，多用于女子成仙早逝，如杜甫之"斩根削皮如紫玉，江妃水仙惜不得"，再如元陈旅《次韵友人京华即事》句，"仙女乘鸾吹紫玉，才人骑马勒黄金"。伯驹此处用"紫玉"，恰与"可奈个人离别"相照应。如此言之，则当系于李氏身后怀缅之作。己卯中秋，时在1939年9月27日，"只影那堪重对比"与"更谁低问凉热"两句，正是合了秦观词"尽道有些堪恨处，无情。任是无情也动人"。在张伯驹复杂的情感世界里，何尝就会忘怀"莫羞儿女难堪语，此是人生第一缘"呢？

25. 收藏蔡襄《自书诗册》

　　从1939年秋末冬初至1940年，张伯驹主要还是往返于北平、上海之间，照看盐业银行业务。

　　1940年3月30日，汪精卫在日本人的支持下，在南京组织起傀儡政府,自任伪国民政府代主席兼行政院长,陈公博任立法院长,梁鸿志为监察院长,王揖唐为考试院长,温宗尧为司法院长。

时任盐业银行代理董事长兼总经理的任凤苞,其胞侄任援道在汪伪政权地位十分显赫,担任中央政治委员会指定委员、军事委员会常务委员、海军部部长。任凤苞仗此后援,盐业银行不至于有太大难处。

张伯驹在北平期间,遇到故宫博物院负责书画碑帖鉴定的专门委员朱文钧之母去世。朱文钧字幼平,号翼庵,祖籍浙江萧山,是清体仁阁大学士朱凤标的后人,早在1937年即已病逝,朱家的生活亦是捉襟见肘。因傅增湘与朱文钧同任故宫专门委员,所以又是经傅介绍,张伯驹从朱家购得宋蔡襄《自书诗册》,解朱家燃眉之急。

朱文钧之子朱家溍在《从旧藏蔡襄〈自书诗卷〉谈起》里记述经过:

> 辛亥革命后,宫中书画器物等除溥仪以赏溥杰为名携出的部分和作为向银行借款的抵押品以及赏赐遗老,赠送民国要人的以外,由太监和内务府人员窃出的也不在少数。蔡襄此帖想当然也是被太监们窃出的。当年地安门大街桥南路西有一家"品古斋",是北城惟一的古玩铺(原注:其余还有一两家只是所谓"挂货屋子")。太监们出神武门,距离最近的销赃处当然就是"品古斋"了。此外,北城的王公将相第宅很多,落魄的纨绔子弟以及管家们也都把"品古斋"当作销售场所。因此在"品古斋"常能发现出乎意料的精品,以至于琉璃厂和东四牌

楼一带的古玩铺也时常到这里来找俏货。

蔡襄此帖就是当年"品古斋"郑掌柜送到我家的，先父（朱文钧）看过后以五千银元成交。《选学斋书画寓目续记》的作者崇巽庵先生与我家是世交，他第一次看到此帖实际就是在我家。当时先父叮嘱他不要外传，所以他在书中称此帖"近复流落燕市，未卜伊谁唱得宝之歌"。

先父在此帖跋语中有"壬申春偶因纂钥不谨竟致失去，穷索累日乃得于海王村肆中"之说，是指1932年此帖被我家一仆人吴荣窃去后，又复得之事。吴荣窃得此帖，便拿到一个与我家没有交往的古玩铺"赏奇斋"求售。掌柜的一看便知道是从我家窃得的东西，遂表示只肯以六百元买下，否则就报告公安局，吴荣只好答应。"赏奇斋"掌柜把上述情况告诉了"德宝斋"掌柜刘廉泉和"文禄堂"掌柜王撙青，并请他们通知我家。刘王二位与先父商议，认为最佳办法是不要追究吴荣，而尽快出钱从"赏奇斋"把此帖赎回来。先父一一照办。此事如无"赏奇斋"与刘王两位帮忙，后果就不堪设想了。所以除偿还"赏奇斋"六百元垫款外，我家又赠掌柜的一千元作为酬劳。此帖拿回后，先父就决定影印出版。当时他是故宫博物院负责鉴定书画碑帖的专门委员，于是就委托故宫印刷所影印，命我把此帖送到东连房（原注：印刷所的工作室），由经理兼技师杨心德用12寸的玻璃底版按原大拍照，张德恒（原注：现在台北故宫）冲洗。这是此帖第一次影印发行。那时距今已整六十年了。

先父逝世后，抗战期间我离家到重庆工作。家中因办理祖母丧事亟需用钱，傅沅叔（傅增湘）世丈将此帖作价三万五千元，由"惠古斋"柳春农经手让与张伯驹。此帖在我家收藏了二十余载，在张家十数载，随展子虔《游春图》、陆机《平复帖》等名迹一起捐赠给国家。自此以后，蔡襄此帖便藏入故宫博物院。

张伯驹自己也在《丛碧书画录》里著录：

宋蔡襄自书诗册

行书，诗十二首，字体径寸，姿态翩翩。有欧阳修批语，蔡伸、杨时、张正民、蒋璨、向志、张天雨、张枢、陈朴、吴勤、胡粹诸跋。南宋经贾似道藏。按：宋四书家蔡书深得《兰亭》神髓，看似平易而最难学。此册为蔡书之最精者。

张伯驹在《春游社琐谈》里又有《宋蔡忠惠君谟自书诗册》：

淡黄纸本，洁净如新。乌丝格，字径寸，行楷具备，姿态翩翩。开首书"诗之三"，下小字书"皇祐二年十一月外除赴京"。试《南剑州芋阳铺见腊月桃花》七绝一首，《书戴处士屋壁》七古一首，《题龙纪僧居室》五律一首（原注：此首欧阳文忠批：此一篇极有古风格），《题南剑州延平阁》五古一首，《自渔梁驿至衢州大雪有怀》五长律一首，《福州宁越门外石桥看西山晚照》五绝一首，《杭州临平精严寺西轩见芍药两枝，追想吉祥院赏花，慨然有感，书呈苏才翁》七绝三首，《崇德夜泊，寄福建提刑章屯田思钱塘春月并游》五长律一首，《嘉禾郡偶书》七绝一首，《无锡县吊浮屠日开》五古一首，《即惠山泉煮茶》五古一首，共计字八百八十四。册后及隔水有贾似道三印。（中略）在废帝溥仪未出宫时，由太监偷出。萧山朱翼庵（朱文钧）氏于地安门市得之，其时价五千元。壬申（1932）失去，穷索复得之于海王村肆中，又以巨金赎之归（原注：见此册影印朱氏跋中）。朱氏逝后，其嗣仍宝之不肯让人。庚辰岁（1940）翼庵氏之原配逝世，其嗣以营葬费始出让，由惠古斋柳春农持来。时梁鸿志主南京伪政，势煊赫，欲收之，云已出价四万元。时物价虽涨，然亦值原币二万余元。而朱家索四万五千元，余即允之，遂归余。

余习书，四十岁前学右军十七帖，四十岁后学钟太傅楷书，殊呆滞乏韵。观此册始知忠惠为师右军而化之，余乃师古而不化者也。遂日摩挲玩味，盖取其貌必先取其神，不求其似而便有似处；取其貌不取其神，求其似而终不能似。余近日书法稍有进益，乃得力于忠惠此册。假使二百年后有鉴定家视余五十岁以前之书，必谓为伪迹矣。

伯驹文中，把朱文钧母去世误作朱文钧原配夫人去世。另伯驹所云价格与朱家溍所云价格不一致。朱家溍言是三万五千元，而伯驹则云付了四万五千元。张伯驹文中在谈到收藏书画之价格时，每每与其他记录多有出入，有时伯驹自己亦自相矛盾，可见其对于孔方兄，实在是不大上心。此幅蔡襄《自书诗册》，徐邦达《重订清故宫旧藏书画录》评定此帖为，"真迹，上上"，艺术价值极高，伯驹爱不释手，终日临摹，书法自是长进不少。

26. 张伯驹上海绑架案（1）

1941年4月15日即民国三十年，张伯驹虚岁四十四岁时，他得到盐业银行代理董事长兼代理总经理任凤苞的正式委托，协助负责盐行在上海的总管理处。任凤苞函云：

伯驹仁兄大鉴：

迭得前兄来函重申前约，委托弟主持行务。衰老之躯精力恐有未周，而总处报告时有出入，真相亦难尽悉。用特奉烦执事就近暂为照料，遇有重要之事并希随时见示，以凭酌办。专此奉托，顺颂时绥。

弟　凤苞　顿首
四月十五日

张伯驹偕潘素赴沪上任，谁知到上海不久，就发生了绑架大案。6月5日，张伯驹在上海法租界亚尔培路（今陕西南路）培福里住所的弄口被连人带汽车一起绑架。张伯驹《盐业银行与我家》文记：

1941年，我家居上海法租界亚尔培路，被匪徒绑架。组织这次绑架的是驻扎上海的伪军第十三师师长丁锡三（原注：属汪伪政权的伪军刘培绪第三军）。被绑后，土匪把我估价过高，迁延了八个月。在此期间，任凤苞曾主张把我所存字画卖与大汉奸任援道、梁鸿志，可以得到现款；因过去我曾告诉我妻潘素，我所存的字画是不能动的，所以她不肯这样做。后来这件事闹得汪精卫都知道了，他们也调查出我没有钱，急欲结束这事，要潘素拿出四十万元中储券。我家拿不出来，潘素只好求救于盐业银行。上海行打电报求援于平津两行，北平行表示没有钱，天津行有钱不肯拿，借口说日本人限制申请汇款，无法可想。在这种情况下，土匪就要撕票，幸由友人上海市复兴银行总经理孙曜东借给中储券二十万元，盐业银行上海行经理萧彦和拿出十万元，再由河南同乡商人牛敬亭资助十万元，才把我赎出来。天津方面不肯援手，甚至撕票也在所不顾。

关于张伯驹被绑架案，孙曜东仍是自称为亲历者，他的说法与伯驹不同，认为系汪伪特工组织，即臭名昭著的"七十六号"所为。孙曜东口述、宋路霞整理《浮世万象》记述：

（朱虞生）调走后（盐行上海行）行里只剩下一个副经理萧彦和与襄理李祖莱。这个萧彦和是个有名的大好人，类似一个看守经理，主管安全保卫和总务，平时对行里的业务不管不问，外号叫"萧死人"。而襄理李祖莱则是个头脑活络的人，他同时还兼任营业部主任,主管会计、出纳等要害部门。任何一个银行的营业部主任都是精明能干、能独当一面的人担任的,况且李祖莱又是宁波小港李家的人。社会联系广泛,能够吸收存款,所以朱虞生一调走,他的地位就很突出了。按照他本人的想法,这时应当把萧彦和升为经理,而他李祖莱就应当升上副经理了,他觉得除此安排之外,吴鼎昌已拿不出别的招数了。

谁知吴鼎昌根本看不上他李祖莱,因为他与汪伪的"七十六号"(即汪伪特工总部,在上海极司非尔路七十六号,后改名万航渡路)有勾结,跟吴四宝(吴世宝,下同)、李士群等人打得火热,白天在行里上班,晚上就泡在"七十六号"里。李士群和吴四宝,一个是特务(李原在国民党军统,后在汪伪特工总部的副主任,是实际负责人),一个原来是汽车司机(吴最初为丽都舞厅老板高鑫宝的司机,后在汪伪特工总部担任警卫总队长兼第一特务大队长),对做生意赚钱一窍不通,而"七十六号"经费不够,就需要做生意积累资金,扩张实力。这时,李祖莱就充当了他们的财务主谋,帮他们办"三产",而且是通过他们的太太出面。太太们没有不见钱眼开的,于是办起了许多酒店和公司。位于静安寺路(原注:现南京西路)青海路路口的美华酒家就是"七十六号"开的饭店,李祖莱当经理。他与"七十六号"一勾结,在银行界就失去了很多人心,人家只能对他畏而远之。为了维护盐业银行的名誉和地位,吴鼎昌怎么可能在这个时候提拔他担任副理呢?

所以,吴鼎昌找到了张伯驹,请他"出山",到上海去以总稽核身分兼任盐业银行上海分行的经理。开始他不愿去,因他久住北京,在北京不仅人熟地熟,还有他一帮子"名士"朋友,他原本各种活动也忙得很。吴鼎昌对他说:"你若不去,那叫谁去呢?"他想了想,确实也没有什么人能调了。天津行那头也很重要,不能拆东墙补西墙。于是,他只好自己走马上任来到上海,谁知竟遭了绑票。

张伯驹到上海先找到我,说是这次不是来玩的了,是来上海当银行经理。我吃了一惊,因为那时已是汪伪时期,在上海做事要么要与汪伪取得某些妥协,要么就要受到种种威胁,这个时候做事是很危险的。当时我已落水帮周佛海(周在1941年初,担任汪伪中央政治委员会秘书长、行政院副院长兼财政部长、中央财务委员会主任委员、中央储备银行总裁)办银行,出任复兴银行行长,还兼任了周的秘书。我觉得你张伯驹何必呢?你一介清流名士,于家于国都无愧,若在上海时间长了,弄出些说不清楚的是非来如何是好!我说:"你为什么要亲自来?你何必呢?"他说:"我不亲自来怎么办呢,我家那么多东西都在银行里,交给那个赖家伙(原注:指李祖莱)可怎么好!老弟你帮帮我吧。"

我后来倒真的帮了他一个大忙,即把他从吴四宝的手里救出来。

张伯驹在上海没有私人住宅,有一段时间住在江湾的盐业新村(原注:盐业银行的房产),后来觉得进出太不方便,就住进陕西北路培福里一个姓牛的同乡家里。他这个同乡在上海做牛皮生意,很有钱,房子很宽敞,张伯驹遭绑架即是在那儿。

那天早晨张伯驹去银行上班,刚走到弄堂口,迎面上来一伙匪徒,抓了人即扬长而去。邻居见此情景,忙去告诉潘妃(即潘素)。潘妃一听吓傻了,不知如何是好,只好跑到我家来。当时我已去上班,吴嫣(孙的夫人)在家。吴嫣一个电话打到我办公室,说是伯驹出事了,张太太也在这儿,叫我赶紧想办法。我放下电话赶回家里,潘妃已哭得说不出话来,一见面就向我跪下了。我急忙扶她起来。嘴上安慰她不要着急,其实自己还弄不清是怎么一回事。吃过中饭我分析来分析去,想想伯驹在上海并无什么仇人,只有盐业银行的李某,伯驹一来就挡了他的升官之路,或许是他恼羞成怒,来加害伯驹的。

于是我一个电话打到盐业银行,接电话的正是李祖莱。他极为聪明,主动提起伯驹被绑的事,装作很着急的样子。我正色告诉他,伯驹是我的把兄弟,这件事我要管一管,请行里也配合一下,意思是告诉他,我正在帮伯驹的忙,而我的后台是周佛海,这一点他是清楚的。

放下电话我又通过其他渠道打探,结果不出所料,事情正是"七十六号"干的,而幕后指使者是李某。他们用一特制的车子,把车中间部位掏空,腾出一个能躺一个人的位置,把伯驹正好塞在里面,躲过了租界警察的检查。

第二天,潘妃接到绑匪的电话,说是要二百根大条(原注:十两一根金条),否则就撕票。这下潘妃更急了,不停地哭,吴嫣就安排她暂住在我们家里,以防不测。其实我心里明白,他们是不敢撕票的,只是钱和时间的问题,因为我已经向周佛海汇报了此事。

周佛海那时在南京,每周六回上海。张伯驹出事后的第一个周六我见到周佛海,讲完银行的事,就把伯驹的事讲了。周听了也是一怔,忙问:"谁干的?"我也毫不客气地把"七十六号"捅了出来,并谈了我的分析,我认为此事一定与李祖莱有关。

当时日本人虽然还未进入租界,但局势已非常紧张,北方的大银行纷纷南下,到上海的租界里谋一立足之地。周曾给我一个任务,叫我联络银行界,稳定人心,以便稳定南方的金融秩序。而此绑票事件一出,我认为势必造成人心惶恐,况且盐业银行财大势大,张伯驹又是知名人士,此事若不妥善解决,银行界必视上海为畏途,人家不敢到上海来了。于是,我力促周佛海亲自发话。周听了我的分析后皱着眉头说:"简直胡闹!叫李士群赶紧把此事了掉!"他后来给李士群挂了电话,追问李士群是怎么回事。李士群可能当时真的不知道详情,就说一定查一下,如有此事一定抓紧解决。

既然周佛海发了话,我等于有了尚方宝剑。一方面叫潘妃与那些敲竹杠的绑匪保持电话联系,不妨可以讨价还价,拖延时间,以利我有时间与李士群、吴四宝、李祖莱周旋。

在此过程当中,李祖莱眼看窗户纸已被捅破了,他躲在幕后躲不住了,就直接给我来了一个电话,说是叫我不要管这些闲事了,语气一半是劝说,一半是威胁。我那时年轻气盛,本来就爱打抱不平,这次搞到我要好的把兄弟头上了,我岂能坐得住！我跟他讲："你老兄帮我找老吴（原注：指吴四宝）说说，请他一定帮我这个忙，至于'铺路'的事，咱'光棍不挡财路'，一切由我负责，请他放心好了。而且我们孙家也是盐业银行的股东，自己家里的事自己不管谁管？请你老兄帮帮忙吧，现在大家手头都不宽裕，卖我个面子吧！"

他们要敲诈二百根大条，我只答应十分之一，李祖莱自然是一肚子气。但李士群已向周佛海保证查清并了结此事，他也没办法。况且二百根大条对于"七十六号"来说，根本就是区区小数，李士群、吴四宝根本不会放在眼里，这次绑票的实质并不在于钱多少，而是李祖莱为出一口恶气，因为假若张伯驹不来上海，他就可以升副理代理行务了。但他没想到这次与他绑方液仙不同，他遇上了克星。

我之所以认为要给他二十根大条作交换，主要是怕他手下的那帮亡命之徒撕票。他们忙活了一阵子一点好处也没捞到的话，也容易出事，所以还得预防他们一手，给他们点好处，免得弄得太紧张了，反而坏事。后来我也知道了，那天带人去培福里的，是吴四宝的得力帮手张国震，此人是吴四宝的徒弟，吴四宝是行动大队长，他是中队长。此人最后的下场也很戏剧性，是被"七十六号"他们自己人打死的。

我又给李士群打过两次电话，第一次请他从中帮忙，尽快把人放出来，而且对他明言："'光棍不挡财路'，这个我懂，不会让兄弟们太吃亏的。"他说他要了解一下，然后再给我回话。第二次我又打电话过去催他，他说情况已弄清楚了，他一定帮忙。这样我就放心了，接下来就是具体送金条的事了。我叫潘素与我统一口径，她那头跟绑匪对话，也一口咬定只有二十根大条。

李祖莱真是个狡猾的家伙，他眼看不能不放人了，就又耍了一招，把"票"转移送人了！继续关下去也不可能，上司不允；放了吧，大失面子，又不甘心，于是把伯驹送到浦东，当人情送给了林之江和丁锡山（即张伯驹回忆里提到的丁锡三——笔者注）。这个林之江当时是伪军第四师师长（林是伪苏浙皖肃清委员会下属反共救国军第四路司令；在汪伪特工组织里任第一行动大队长、租界突击队参谋长兼第一大队队长，曾亲手枪杀了国民党中统情报人员郑苹如），部队在浦东。他的部队在市区有办事处，也在万航渡路，与"七十六号"斜对门。此人后来投奔共产党，被国民党特务杀害了。

张伯驹被带到浦东后，关在一个农民的家里。林之江派人来接头时，我拿出二十根大条给吴嫣，由吴嫣交给潘素，并由吴嫣陪同潘素，把条子送到接头点。送去二三天后伯驹就回来了。原来他发现看管他的人突然不见了，他就跑了出来。我们见面时觉得他比原先胖了些，可知在这一个月当中并没遭皮肉之苦，只是脸上多了一个疤，那是生了一个疔子化脓而致。

伯驹为了感谢我，拿出他的一件宝贝藏品：北宋蔡襄《自书诗册》送给我。我怎么能收呢，那时他人刚回来，惊魂未定，最要紧的是要回北京去，离开上海这个是非之地，况且我知道，这部蔡氏诗册是他花四万五千块钱买下的，当初是清宫秘藏，在溥仪未被赶出紫禁城时，就被太监偷出来卖了。萧山朱翼庵（朱文钧）从地安门市肆购得。朱氏夫妇去世后，其后代为筹营葬费才卖出来。梁鸿志已出价四万元，伯驹出价四万五千元，终于收归己有。这样一份千年瑰宝，伯驹爱之尤深，我决不能夺人之所爱，遂坚拒之。后来这件宝贝与传世最早的法帖《平复帖》等国宝一起，在解放后由伯驹夫妇捐献给故宫博物院了。

他们夫妇在我家住了几天后回到北京，从此再没有来过上海。

孙曜东叙述，虽有一些疑点，但有些地方确又是真实的。譬如关于张伯驹在上海的住所及与房东关系等等。张伯驹自述里也谈到，他在上海所住的亚尔培路培福里二十号的主人名牛敬亭，牛与其妹妹张家芬有生意往来。

关于孙曜东所提到方液仙案和李祖莱。黄美真根据汪伪特务组织要员马啸天、汪曼云在1962年所写交代材料而整理的《我所知道的汪伪特工内幕》记，汪伪特务搜刮财产不择手段，1940年7月25日，汪伪特工组织"七十六号"，还曾在上海星加坡路即今余姚路10号绑架过中国化学工业社总经理方液仙，李祖莱也参与了这桩绑架案。

方液仙被绑票后，方的家属以为是给绑匪绑去，并未疑及"七十六号"。然而，纸是包不住火的，方的家属终于找到了线索，这消息是吴世宝的妻子佘爱珍透露给他的面首李祖莱的。李祖莱与方家不仅是宁波同乡，而且还沾点亲，于是李便将消息透露给了方家。方液仙的妻子托李祖莱向李士群疏通。但此时方液仙已死亡，李士群考虑这件事传出去影响太大，干脆不认账，李祖莱为了对方家有个交代，便转过来走吴世宝的门路。他凭着与佘爱珍的"特殊"关系，让佘爱珍从中斡旋。吴世宝本来就是个流氓，并不以绑票为耻，交出尸体，换一笔钱，他是乐意干的。但李士群不认账，他也只好来个不应承。最后经李祖莱一再请托，特别是佘爱珍的幕后作用，吴世宝才告诉李祖莱，方液仙的尸体经他派人多方打听，才知道放在某某殡仪馆，要李祖莱通知方家自己去领。（原注：据方液仙女儿说，方家并未找到方液仙的尸体，方液仙的坟墓是衣冠冢）据说方家为了领回尸体，先后用去十几万元。至于李士群、吴世宝、顾宝林等怎么分赃，只有他们自己知道。

黄美真所整理的记录，对于孙曜东的回忆，也是有力佐证。

27. 张伯驹上海绑架案（2）

关于张伯驹被绑架案，还留下一种叙述方式，即盐业银行档案，当时盐行内部往来电文，今存上海档案馆盐业银行案卷，档号Q277-1-329。现据档案整理：

1941年6月5日，即伯驹被绑架之当日，盐业银行上海总管理处会计科长陈鹤荪、文牍科长白寿芝两位张伯驹的亲信，联名致电天津任凤苞董事长及天津行经理陈亦侯，报告张伯驹被绑架事。电文是：

今晨伯驹兄人车被绑。祈转诸公函详。

同日，任凤苞、陈亦侯复电陈鹤荪、白寿芝，要求通过李祖莱设法尽快营救伯驹。该电报于次日上午八时到达。电文是：

电悉。托祖莱兄设法，以速为妙。

6月10日，任凤苞致电上海总管理处，要求汇报伯驹被绑详情。该电报于次日上午九时半到达。电文是：

伯事经过随时用航快见告。

上海盐行如何向任报告不得而知。6月16日，任凤苞致函陈鹤荪、白寿芝，表明伯驹被绑事系个人之事，与盐业银行无关。任函云：

鹤荪、寿芝仁兄惠鉴：
四奉手示，具悉——。
伯事突如其来，远道无能为力，焦念而已。两兄与之交谊素敦,自应就近设法,惟应认明此为个人之事,与行无涉。两兄对外发言,尤须注意,不可牵涉到行,否则非徒无益。

现在已有消息否?弟意总可解决,其解决之法,不特兄等不必顾虑,弟亦不必过问,应由其津寓主持,已通知张府矣。其居沪乃本人之意,兄等当知之。春间来津,曾问其住何处,答住行内,当托其就近照料总处之事,亦犹去岁董事会时之意,则无其他使命。假使其本无住沪之说,弟亦不能托之也。其在沪租屋乃绝大误点,倘仍居行,当不至有此事,既往不说,惟盼早日出险耳。

因小有不适,顷甫稍好,总总布复。顺颂

均祺

肃兄已回沪否?同此致意。清单已到。

弟 苞 顿首
六月十六日
彦和兄处望致意

任凤苞在电报里竟将张伯驹赴沪任职说成与其无关,将责任推得一干二净。6月23日,白寿芝、陈鹤荪、李肃然三人联名复函任凤苞。因任凤苞明白要求盐行不过问张伯驹事,所以白等改以报告他事,兼带报告伯驹情况。其函题为《上董事长函稿》,文云:

振老钧鉴:

前日得奉手谕,敬悉种切。伯兄事尚无正确消息,职等遵谕对外注意发言，并未出面参与其事，刻由张府直接托孙府进行营救，惟至今未闻下落何处。

尊致萧副理电亦悉，此事与行无干，彦和兄亦本此意，避不参与其事，听其自然解决，但私人交谊不能不暗中关切耳。

再者，沪行自用巡警孟宪武，于星期日晨与沪行帮庶务陆佩文因公口角冲突，孟竟开枪四响，将帮陆佩文击伤毙命。当时报案，凶手已携枪逃逸。现在被害者正办验尸和棺殓一层，由沪行承办，请工部局一面缉凶，将孟之妻室扣留捕房。

查陆孟二人皆北京人氏，由中国银行佟庶务先后保荐而来，陆亦曾充巡警出身。谨以附陈。

6月26日，白寿芝、陈鹤荪、李肃然三人再次联名致函任凤苞。其函题为《致董事长函稿》，文云：

前二十三日发奉一函，报告沪行助理庶务陆佩文因公殒命，计日已承钧览。兹据沪行函请抚恤该员前来原函，附呈察阅。查沪行所请一次恤金三百廿四元，由总处发给，核与恤养规则相符，自应照发。惟特别恤金规则所订（第四条第四项，行员任职十年以上，有特殊劳绩而在职身故者，得由主管员陈请总管理处核给特别恤金）。该故员陆佩文任职年份不及十年，核与规则不合，但其因公殒命，情节较重，且该员身后萧条，父老子幼，生活无依，尤为可悯。拟请特予抚恤法币若干，或批由沪行自行酌给特恤，以示宽厚。

是否有当，敬候批示祗遵。

再者，伯驹兄事仍无确实消息，刻由张府与孙曜东兄设法进行，而行员皆未便出面。知注附陈。特此。

任凤苞很是老辣，迅速看破白寿芝等人用意。6月30日复函白寿芝、陈鹤荪、李肃然，再次郑重提醒，伯驹事不许牵扯进盐行。其函7月4日到达。函云：

两奉手示，具悉。伯事在私交上十分悬念，两旬以来毫无眉目，令人急煞，若必牵涉到行，只有敬谢不敏。

三兄尚忆从前倪远甫之事否？彼明明沪行经理也，行中未尝过问，以彼例此，可恍然矣。

沪行帮庶务陆君被门警枪伤致死，其可谓多事之秋，沪行请给特别抚恤，自可照办，但其资格甚浅，此等事尚无先例，数目甚难酌定，顷已函商彦兄，候其复到再行核办。

事隔始于日，任凤苞似亦觉过分，于8月11日密函陈鹤荪、白寿芝。其函8月15日到达。函中涉及伯驹被绑案云：

伯驹之事尚无办法，甚为焦灼。数目太大，无论何人不便为之主持。大家皆竭力设法，为之减低对方愿望。而驹函偏谓有此力量，然其所指财产并不确实，如所称股票廿四万元，谓在鹤兄及杨西明处有十一万元，内有半数抵押在外，其余十三万元不知在何处。津宅房产，其家不承认，谓非其本人所有，绝对不能作抵。盖实在数目与其来函相差甚远，爱莫能助，深为愧疚。特密告两兄知之，仍勿为外人道也。

8月15日，任凤苞再致密函给陈鹤荪、白寿芝。其函8月18日到达，函云：

> 昨奉还云，知前函已达，各事均经照办，至慰。
>
> 兹密启者，驹事发生后，无日不在营救之中，往来函件已成巨册，特以关系重大，不欲张扬。两兄或误为置诸不理，其沪寓当也同此感想。就经过情形而论，本可速了，乃因驹困处闷葫芦之中，急欲脱险，昧于事理，不择手段，始则承认以行为对手，方索款二百万，继则将自身财产随意开列，认缴一百万，责成行方筹垫，以致对方欲望甚奢，居间人深感棘手，迁延至今，尚难解决。
>
> 查驹所列财产，首为津宅房地，谓值卅五万，但据张四太太声明，为其个人私产，与驹无涉，不得指为抵品。其次为我行股票廿四万，据云沪存十一万（原注：已在大陆抵押三万元，尚能取赎），津存十三万（原注：谓鹤兄知之），是否属实，尚待调查。其次为古玩字画（原注：谓由杨西明代为保存），据云值廿万，但至今并未交出。
>
> 综计上开产业，或为他人之物，或不知其所在，或尚在保管者之手，仅凭一纸空言，而欲动用行款至百万之巨，无论何

人主持，恐均难望通过。

此间股东对驹举动颇致不满，扬言如因此事动用行款一文，断难承认。弟又岂能负此重大责任。

张四太太最近且有函致弟，声明津寓无力代筹，嘱就驹所开沪存各件设法处分，即使如数交出，所值至多亦不能过三十万元，所差尚巨。

日前先决问题，第一，在使对方知驹本身无此财力（原注：驹致函其沪寓，曾有付出百万，家中尚不致无饭吃等语，似此一味充阔，对方岂肯放手？徒多拖延时日，自讨苦吃而已），而行方亦不能帮忙，庶可减低欲望，或能早日解决；第二，在使其沪寓知我辈亦在设法营救，但行款不能动用，而驹所指产业多不确实，其津寓又无力相助，以致诸多棘手。

至驹之令妹慕岐，毫无准备屡与对方接洽，亦属欠妥，可否由两兄向西明表示此意，嘱其转告驹之如君处以镇静，或者对方知欲望难遂后，此较易著手。所应注意者，一、不可向其说明出自鄙人之意；二、两兄不可以此函示第三人，至要至要。

弟以为现在不过迁延时日，不致发生危险，因留此活票，多少总可沾润。至于弟办理此事，公事上对得起行，私交上对得起驹，事了之后案牍俱在，可以公开阅看。驹能见谅与否，在所不计。弟深信两兄办事谨慎，且与驹交好，用敢密告，务希严守秘密，妥为办理，至所盼祷，并望速复。顺颂秋祺。

任凤苞函所提到的"张四太太"，应系指张镇芳第四侧室孙善

卿，张家家里称之为"四老太太"。任所云"驹之令妹"，即张家芬。伯驹在沪居住的牛家，与张家芬一起做生意，所以张家芬在此期间也应到过上海。

8月22日，任凤苞又致函陈鹤荪、白寿芝。函云：

> 昨展十九日手示，具悉一一。奉答如下：
> 一、承示近三年股票过户清单已阅悉，以后请每三月见示一次，如有大宗过户者，则随时报告。
> 一、闻张宅人言，驹名下却（确）有廿四万元股票，但出让之十二万元是否在此数之内，则不得而知，现在股东名册内驹尚有若干，祈查示。
> 一、驹事迟延不决，不可谓非其自误，虽在威胁恫吓之中，其来函处处拉住本行，试问行款安能赎票？无论何人皆不敢负此责任。若本人果有相当财产，尽可令其家人交出，不拘何处，皆可抵借，不必专仗本行筹款也。
> 其令叔毫无办法，频践对方之约，与之接洽当然不能有结果，徒然令帮忙之人发生困难。现不虑其有危险，虑其身子支不住，爱莫能助，此弟所疚心者。
> 十五函请暗示西明，意在使驹之如君知行方不能赎票，大家却仍设法营救，而驹之资财只有此数，与对方所索之数相去太远，所以无法办理。驹之如君果能明了，则孙某自然知之，辗转相传，对方或可减低欲望，办事者庶可易于著手，望再度进行，不可说出自弟意，并见复。此亦为营救之要，关键两兄

与之交好，幸勿大意。切要切要。

任函末特意又注明"此函守秘密"。函中"其令叔"，应指伯驹生父张锦芳，则锦芳此际应仍在世。

张伯驹在绑架案中，除孙曜东等友人外，以为潘素奔走营救出力最多，对于家中其他人，则所言甚少。在1952年其与妹妹刘张家芬为家产分配对簿公堂时，伯驹在答辩里写道：

> 刘张家芬约在民国十二三年（1923—1924）出嫁，我父亲于民国二十二年（1933）去世，这时刘张家芬并没有分产的提出。我给她盐业银行股票两万、房子一所，她很满意。
>
> 到民国二十九年（1940），她把房子卖出，款汇交牛敬亭为其做买卖。我在民国三十年（1941），在上海被汪精卫伪军绑架，潘素为营救我奔走借债，刘张家芬怕借用她的钱，她派人从牛敬亭那里拿走。

这就是说，张家芬在伯驹绑架案里，不仅没有帮忙，反而怕自己亏了钱。其个中是非，外人实难辨明，姑且录之如上，供高明者裁断。

张伯驹父亲张镇芳于张勋复辟案中身陷囹圄三月余，而伯驹被绑则历八月余，始得逃出牢笼。

1942年1月28日，盐业银行上海总管理致电任凤苞，告知以伯驹已获释，住进医院休养，随后将返回平津。其电文云：

驹兄就医，稍迟数日赴津，铭艳日乘车起程。

按照孙曜东的说法，张伯驹的赎金是二十根金条，也就是二百两黄金。按照张伯驹的说法，则是"中储券"四十万元。"中储券"就是汪伪中央储备银行发行的货币，最初是与国民党政府的"法币"等值兑换，后来汪伪为打压"法币"，强行令"法币"贬值，达到1元中储券兑换2元"法币"的程度。张伯驹交纳赎金时的汇率不详，但四十万元"中储券"，折合成"法币"，至少还要上浮20%~30%。若是按黄金来计算，张家的损失就更大了。

28. 张伯驹与余叔岩诀别

张伯驹被绑架的八个月是如何度过的，伯驹没有详细讲过，只是在《丛碧词》里留下几首词作。以时间为序列出：

1941年8月29日即辛巳七夕，作有《菩萨蛮·辛巳七夕寄慧素》词云：

声声何处吹箫管，可怜一曲长生殿。唱到断肠时，君王也离别。

露零罗扇湿，疑是双星泣。不忍望银河，人间泪更多。

这是伯驹感到了绝望，反用唐明皇杨贵妃故事，表明自己将与潘素离别。

1941年10月5日即辛巳中秋,作有《菩萨蛮·中秋寄慧素》词云:

怕听说是团圆节,良宵可奈人离别。对月总低头,举头生客愁。

清辉今夜共,砧杵秋闺梦。一片白如银,偏多照泪痕。

这是伯驹仍然没有摆脱死亡的阴影,但事态已不似七夕时那样紧迫。此首里的"离别",既不排除"大离别"即生死离别的可能性;但也有"小离别"的意思在内,即思念潘素的成分更多一些。

1941年深秋作自度曲《梦还家·无人院宇》,词并序云:

自度曲。难中卧病,见桂花一枝,始知秋深,感赋寄慧素。

无人院宇,静阴阴,玉露湿珠树。井梧初黄,庭莎犹绿,乱虫自诉。良宵剪烛瑶窗,记与伊人对语。而今只影漂流,念故园,在何处?想他两地两心同。比断雁离鸳,哀鸣浅渚。

近时但觉衣单,问秋深几许?病中乍见一枝花,不知是泪是雨。昨夜梦里欢娱,恨醒来,却无据。谁知万绪千思,那不眠更苦。又离家渐久还遥,梦也不如不做。

到这时,伯驹应是已知脱离了死亡的危险,只是长时间的囚禁生活,令他倍感孤独寂寞。然而,恰是这样的痛苦,令伯驹也验证了自己对于潘素的爱情。"记与伊人对语""想他两地两心同",这两句与"故园""离家"紧密相连,此时此刻,对于伯驹而言,家即潘素，潘素即家。

1942年1月即辛巳年十一月下旬，作词《虞美人》，词并序云：

> 十一月下旬雪，接慧素信，词以寄之。
> 野梅做蕊残冬近，归去无音信。北风摇梦客思家，又见雪花飘落似杨花。　　乡书昨日传鱼素，多少伤心语。枕头斜倚到天明，一夜烛灰成泪泪成冰。

到这首词，情况就较为明朗了，春来归家，似仅是时间问题了，只是愈到春来愈多折磨，或许此中又有若干反复。

张伯驹《丛碧词》里尚有部分词作，似与伯驹这段经历相关，但无明证，暂不一一举出。

张伯驹被赎出后，略经住院调理即返回北平。《张伯驹自述》说：

> 1942年在北京，因在拘禁中染疟疾，回京又犯病卧床三个月。

张伯驹身体复原后，心中的恐惧感却仍一时难以消除，于是决定偕潘素离开北平，经由洛阳转入大后方，先避居在四川、甘肃一带，其后定居西安。张伯驹《盐业银行与我家》文说：

> 在沦陷区看来已无法生活，因而于1942年，由王绍贤借

给我三千元，再度挈眷转入后方，先避居蜀陇间，后定居西安。日寇投降后，才回到北平。

他们大约是在这一年的十月出发的。临行前，张伯驹去看望了病中的余叔岩。

刘真等主编《余叔岩与余派艺术》附《余叔岩年谱》，记余1942年事云：

> 余叔岩膀胱癌扩散，改由协和医院治疗，但美日交战后，燕京大学及协和医院均遭日军封闭，英美人士撤离北平，中国专家多远走大后方。余叔岩求医无门，又不肯找日本医生治疗，故病情日趋严重。

张伯驹《我从余叔岩先生研究戏剧的回忆》回忆：

> 1941年我去上海时，突然被汪精卫的伪特务机关绑架，囚禁了八个月，脱险后回到北京，又与余先生见了面。他谈到我被难后的情形时，很为我抱不平。他说我囚禁期间，有坐视不理的，有"落井下石"的，事实确是如此。当时我虽然脱险，实际上自己花了不少钱。我出狱后，由于物价高涨，生活方面眼看着难以维持了，我只好决定离开北京到后方去。这年旧历重阳的前几天，余先生的病经协和医院割治后，在膀胱内通了一管子，便尿不能走尿道，必须每月换洗一次。但自日本与美

国开战后,协和医院就被没收了,余先生的病也无法继续治疗,只能在家待时而已。我走的头一天晚上去看他时(原注:这是我和余先生的最后一面),他正在北屋东间的床上躺着,我怕说出来保不定要大哭一场,没敢对他说我要走的事,只说些闲话和安慰他的话。当时我明白,他不知道,所以有时我的眼泪几乎要夺眶而出,只好借着上厕所去拭一拭。这次我坐到十二点才忍泪而去。

张伯驹《红毹纪梦诗注》亦记录说:

(余)叔岩夙患溺血病,自与余合演《空城计》后,病加剧。卢沟桥事变后,经德国医院割治,病为膀胱癌。一年后癌扩散,又由协和医院割治,于小腹通一皮管作溺。是年余四十五岁,将于重阳后离北京去西安,行前一日晚,往视(余)叔岩,已知叔岩病不能愈,此为生离死别之最后一面。叔岩卧于东室,余只作寻常语,不言余离京事,恐说出彼此难免一哭,但余泪不觉自下,乃赴外室拭之。相对两时,余离去,十余年之交情,遂至此结束。

余叔岩与张伯驹彼此都知道,诀别的时刻到了。这样的两个人,一个享盛名,负绝艺;一个有大名,有大才,也有大钱,但终究都逃脱不了命运的摆布,最终只能是洒泪而别。

1943年3月,《半月戏剧》的主编张古愚到西安,与张伯驹见面时，谈到余叔岩生命垂危。张伯驹托张古愚带了一封信给自己在盐行的助手陈鹤荪，交代关于余氏身后之事。张伯驹《我从余叔岩先生研究戏剧的回忆》文记：

  我从北京到西安的第二年三月间，在一个晚会上，忽然看到上海《半月戏剧》的张古愚。我问他："你从哪里来？"他说："从上海来，后天就要回去。"我说："我托你给我的朋友带一封信去，请务必带到。"他说："可以，一定交到。"第二天我去看他时，就把信交给他。我写给朋友的这封信，内容是："预料叔岩兄之病凶多吉少，不能久长，兹拟好挽联一副，如其去世，务望代书送至灵前为感。"

张伯驹《红毹纪梦诗注》又记：

  次年二月（此处系用旧历）在西安陇海铁路局观戏，遇上海《戏剧月刊》主编张君，云明日即回上海。余乃托其带致陈鹤荪兄一信，内为挽叔岩联。联云："谱羽衣霓裳，昔日偷听传李峤；怀高山流水，只今顾曲剩周郎。"旋接鹤荪回信，叔岩已于三月某日故去，挽联送至灵前矣。

1943年5月19日即民国三十二年，旧历癸未年四月十六日，京剧一代宗师余叔岩在北平病殁，享年五十三岁。
张伯驹《我从余叔岩先生研究戏剧的回忆》云：

两个多月后，我的那位朋友回信来说，叔岩兄已于这年5月19日逝世，兄挽联已书好送去。从此我们十几年交情便成霄壤之隔。我这副挽联写的是：

谱羽衣霓裳，昔日偷听传李谟；

怀高山流水，只今顾误剩周郎。

张伯驹前后两次所录之挽联不一致。《红氍》版作"李峤"，用的是唐玄宗时期与苏味道并称为"苏李"的诗人李峤之典，尽管李峤与张易之、张昌宗兄弟一起也搞过一些艺术类的活动，但用在此处，不仅不工整，而且有些比拟不伦。在《研究戏剧》版里的"李谟"，亦显牵强，然较"李峤"稍更妥当。李谟是开元年间的宫廷首席笛师，至少从职业上更贴近些。伯驹挽余联，无论李峤李谟，皆失之于空泛，与两人交情不能相称，推想伯驹作联时亦必是万千思绪，难以落笔。

29. 收藏展子虔《游春图》（1）

1943年3月28日，张伯驹在西安参与开办了一家名为福豫面粉的公司，以李鸣钟为董事长，伯驹任常务董事，贾玉璋为总经理，公司职员38人，工人118人，日产面粉2000袋。但是，这家公司到了1944年就办不下去了，原因除了自身经营不善之外，也有外部大环境的影响。费正清等编《剑桥中华民国史》介绍：

国民政府的贬值通货流遍全国，使整个机体——军队、政府、经济和社会普遍虚弱。起初通货膨胀率比较缓和。在战争的头一年，价格上升约40%。从1941年下半年到1944年，物价每年翻一番以上。此后，增长率又急剧上升。（中略）从1940年起，通货膨胀的最重要的非金融性原因大概不是商品短缺，而是公众对货币缺乏信任。（中略）随着1940年夏季稻谷歉收，农夫们开始储存粮食，而不储存货币。投机商预计将来价格上涨，也买进并囤积大量粮食。1940年和1941年，重庆的食品价格随之暴涨了将近1400%。①

张伯驹等人的面粉公司，只片面地看到粮食价格迅速上涨，没有想到其速度如此迅猛，以至于公司资金链断，只能倒闭。其实，公司早早倒闭，未尝不是好事。费正清等编《剑桥中华民国史》记：

> 1944年政府实际的现金支出已经下降到战前支出的1/4以下。政府是在挨饿。（中略）在1942—1944年，物价每年上涨237%；1945年仅1月到8月，价格就上涨了251%。（中略）早在1940年，官员工资的购买力已下降到战前水平的大约1/5。到1943年，实际工资跌落到1937年的1/10。

---

① 费正清、费维恺编：《剑桥中华民国史》，中国社会科学出版社，1994年。

就在整个社会大环境不可遏制地恶化下去的时候，中国迎来了抗日战争的最终胜利。1945年8月10日，日本政府接受波茨坦公告，决定无条件投降。消息当夜传来，中国举国欢腾。8月14日，日本天皇裕仁颁布停战诏书。15日，中国外交部收到日本政府投降电文。9月9日，中国战区日军投降仪式在南京举行。

张伯驹兴高采烈地从西安先赶到上海，然后再返回北平，于10月10日参加了在故宫里举行的第十一战区平津地区（含北平、天津、保定、石家庄等地）日军受降仪式，中方受降主官，是张伯驹所熟悉的第十一战区司令孙连仲。

孙连仲，字仿鲁，河北雄县人，原是冯玉祥的部下，但后来与冯及其部下都疏远了，改投到蒋介石亲信陈诚门下，这时被任命为第十一战区司令兼河北省政府主席，负责战后平津河北地区接收工作。《张伯驹自述》记：

> 孙连仲到北京后在故宫太和殿举行日军投降仪式，我也参加了观礼。（中略）有一天，孙连仲问我：唐山市、石家庄市，你愿当哪个市长？我说我都不当，还作我银行的事。

中央文史馆编《中央文史馆馆员传略·张伯驹传》则记：

> 抗战胜利后，曾任国民党第十一战区司令长官部参议、河北省顾问。

按：1946年，孙连仲在北平组织了一个"第十一战区设计委员会"作为其"智囊团"，主要负责人就是后来共和国成立后担任中央人民政府典礼局局长的余心清。余心清《在蒋牢中》说：

> 经过了审慎的考虑，我建议组织一个设计委员会，广罗学者名流和专家，经常地研究华北一般的军政和建设问题。这个会只与孙（连仲）个人发生关系，而非军方的，会中委员由孙聘任，不接受任何津贴。主持会务的，设正、副主任各一人，我只担任副的，但我愿意负工作上的全部责任。这样，就可以避免因过分出头而遭遇不必要的打击。最后，孙同意我的办法。

张伯驹应该就是被吸收到了这个组织，当了一名设计委员。伯驹不了解，余心清肩负着策动孙连仲起义的使命，而与余秘密联络的中共地下党员中的一人是王冶秋，王在共和国成立后，成为了国家文物部门的重要负责者。余心清于1947年9月被国民党特务抓捕，所谓"设计委员会"也就不复存在了。

孙连仲要请张伯驹做唐山或石家庄的市长，只能理解成一种客气，张伯驹亦是客气回应，此系旧日官场惯用辞令，不可信以为真。而伯驹年轻时已然挂过许多类似"设计委员"之类的虚衔，自然是可有可无。比这些更令他上心的是字画。

1946年春，张大千在北平收购到五代顾闳中的《韩熙载夜宴图》、五代董源的《江堤晚景》、《潇湘图》和宋巨然的《江山晚景》等数幅名作，得意扬扬。张伯驹虽与张大千交好，亦不能不见猎心喜。谁知刚到年底（有可能是旧历丙戌年底），张伯驹就收得了宋范仲淹的《道服赞》，继而到1947年8月，张伯驹收得隋代展子虔的《游春图》，遂一举又压倒大千。

关于范仲淹《道服赞》和展子虔《游春图》的来历，陈重远著《收藏讲史话》引邱震生回忆：

> 邱说：我亲眼见过日本投降的那一年，伪满皇帝溥仪从长春逃往通化，伪皇宫中的小白楼里藏有历代书画千余件，传说溥仪带走了一百二十多件。伪军官兵抢夺这些书画非常激烈，为争夺一幅字画相互打起来，把字画撕扯成碎片，有个军官将士兵抢夺到手的书画集中起来烧毁，非常令人痛心。这时，琉璃厂古董商人跑东北买货的有十几位，他们买回来的珍贵书画有：展子虔的《游春图》、杜牧的《张好好诗》、范仲淹的《道服赞》，后都卖给了张伯驹。北京解放后，张伯驹将这些珍贵书画捐献给故宫博物院。我从李欣木、崇庆瑞手中买的《苏东坡墨宝真迹》也是他们从长春买来的，公私合营时我把它交了公。

张伯驹在《春游社琐谈》之《隋展子虔游春图》文里记其收购范仲淹《道服赞》之经过说：

> 故宫散失于东北之书画，民国三十五年（1946年）初有发现。吾人即建议故宫博物院两项办法：一、所有赏溥杰单内者，不论真赝统由故宫博物院价购收回；二、选精品经过审查价购收回。经余考定此一千一百九十八件中，除赝迹及不甚重要者

外，有关历史艺术价值之品约有四五百件。按当时价格，不需要过巨经费可大部收回。但南京政府对此漠不关心，而故宫博物院院长马叔平（马衡）亦只委蛇进退而已，遂使此名迹大多落于厂商之手。琉璃厂玉池山房马霁川去东北最早，其次则论文斋靳伯声继之。两人皆精干有魄力，而马尤狡猾。其后复有八公司之组织。马霁川第一次携回卷册二十余件，送故宫博物院。院柬约余及张大千、邓述存（应为叔存，即邓以蛰）、于思泊（于省吾）、徐悲鸿、启元伯（启功）审定。计有：（中略）以上审定者多伪迹及平常之品。（中略）盖马霁川之意，以伪迹及平常之品售于故宫博物院，得回本金而有余；真精之迹则售与上海，以取重利，甚至勾结沪商展转出国，手段殊为狡狯。又靳伯声收范仲淹《道服赞》卷，为著名之迹，后有文与可跋。大千为蜀人，欲得之。事为马叔平所闻，亟追索，靳故避之。一日，大千、叔平聚于余家，面定由余出面洽购，收归故宫博物院。后以黄金一百一十两价讲妥，卷付叔平。余主张宁收一件精品，不收若干普通之品。后故宫博物院开理事会，决议共收购五件，为《宋高宗书马和之画闵予小子之什卷》、宋人《斫琴图卷》、盛懋昭《老子授经图卷》、李东阳《自书各体诗卷》、文徵明书《卢鸿草堂十志册》。叔平以为积压马霁川之书画月余，日占本背息，若有负于彼者，诚所谓君子可欺以其方矣。至范（仲淹）卷，理事胡适、陈垣等以价昂退回。盖胡于此道实无知耳。余乃于急景残年鬻物举债以收之。

30. 收藏展子虔《游春图》（2）

张伯驹对于故宫博物院的责难，令故宫有苦难言。此时国民党政权的经济濒于崩溃——原本在抗战即将胜利之际，宋子文意气风发地于1945年6月就任行政院院长，准备整顿经济，大干一番，其实正如胡适在日记里所悄悄批评的一样，胡适评论宋子文说："如此自私自利的小人，任此大事，怎么得了！"在宋子文的各种轻率政策之下，彻底掘开了国民党政权的经济堤坝，再无可挽回。宋子文迫不得已承认失败，在1947年3月黯然下台。这种状况下，作为国立机构的故宫博物院，焉能有力量如张伯驹所说，将流失的文物扫数收回。

张伯驹以一百一十两黄金收得范仲淹《道服赞》之后，伯驹也遇到"经济危机"。1947年8月，琉璃厂商玉池山房掌柜马霁川从东北收到隋代展子虔所绘的《游春图》。此画素有"天下画卷第一"之誉，就张伯驹性格而言，更是不得不收。伯驹钱不凑手，情急之下，将西四弓弦胡同住宅售出，购回了《游春图》。

张伯驹《春游社琐谈·隋展子虔游春图》记云：

> 后隋展子虔《游春图卷》，竟又为马霁川所收。是卷自《宣和画谱》备见著录，为存世最古之画迹。余闻之，亟走询马霁川，索价八百两黄金。乃与思泊（于省吾）走告马叔平（马衡），谓此卷必应收归故宫博物院，但须院方致函古玩商会不准出境，始易议价；至院方经费如有不足，余愿代周转，而叔平不应。

余遂自告厂商，谓此卷有关历史，不能出境，以致流出国外。八公司其他人尚有顾虑及此者，由墨宝斋马宝山（马保山）出面洽商，以黄金二百二十两定价。时余屡收宋元巨迹，手头拮据，因售出所居房产付款，将卷收归。月余后，南京政府张群来京，即询此卷，四五百两黄金不计也。而卷已归余有，马霁川亦颇悔恚。然不如此，则此鲁殿仅存之国珍，已不在国内矣。

张伯驹《丛碧书画录》里也著录云：

绢本，青绿设色。笔意高古，犹有唐法。是卷载《宣和画谱》的为晋卿《烟江叠嶂》真本。当时因禁苏文东坡题诗，经截去。安岐《墨缘汇观》著录之《烟江叠嶂》卷当系晋卿他画而配入苏题诗者。故王凤洲跋谓歌辞与画境小抵牾也。后有元姚枢、明宋濂、黎民表题，清经宋荦藏。

不过，50年代初张伯驹之妹张家芬、伯驹侧室王韵缃与其打官司争财产时，都提到弓弦胡同的房产。张家芬云，弓弦胡同宅早在数年前已经典卖，到1947年售出时，应该只是补上差价而已。王韵缃则在诉讼状中明确说出，弓弦胡同宅"卖出美金两万余元"。按1946年时的官方外汇牌价，也就是以最低价格计算，一美元约合二十元法币，两万美元也要合四十万元法币。但是，到1947年，黄金价格飞涨，伯驹在收《道服赞》时，已经说到"鬻物举债"，再要拿出二百二十两黄金，诚然是心有余而力不足了。

张伯驹表弟李克菲在《霁雪初融忆丛碧——兼记山水女画家潘素》文里透露了一个细节，李说：

> 伯驹当年罄囊借贷以重金收得稀世之宝隋代展子虔《游春图》的事，盐业银行王君绍贤曾大力协助，早在文苑传为佳话。

李克菲云张伯驹向王绍贤借贷，这是有可能的。

其一，张伯驹在《盐业银行与我家》文里说，抗战胜利之时，王绍贤曾经做过一笔大生意，"利用伪联合银行大量透支，购进黄金。那时金价折合法币三元三角一两，后来我才知道，他们抢进的黄金达三万两之多。王绍贤、岳乾斋以及北平行中部分职员，当然也分润了若干"。此即是说，王绍贤及盐业银行手中，都囤有黄金。至于伯驹是否也曾分到一些，现今无从查证。

其二，张伯驹从盐业银行也获得较大利益。张伯驹《盐业银行与我家》里说他"陆续向盐业透支到四十万元收购字画"，"在日本投降后，币制贬值，我轻松地还了盐业的欠款"。众所周知，抗战胜利后，国民党货币贬值几近废纸，与之前的"四十万元"，如何可以等值。张伯驹坦承是利用货币贬值偿还了向盐行透支的借款，而这种做法，作为盐行负责者的王绍贤，至少也是默许的。

其三，1946年5月，盐业银行在南京召开董事会，王绍贤出任总经理，张伯驹晋级为常务董事。张伯驹《盐业银行与我家》记：

1946年，国民政府还都南京，吴鼎昌在南京为盐业银行召开了一次董事会议，出席的有任凤苞、张伯驹、王绍贤、陈亦侯。吴提议，拟以王绍贤为总经理，陈亦侯为协理；关于董事长问题，吴意以任凤苞年老，可以退休，让与张伯驹。但任犹复乱栈，不愿意让，故董事长仍由他继续担任。另外增设两个常务董事，由张伯驹、刘紫铭担任，当即通过。刘是天津德兴盐务公司董事长刘壬三之弟，这时握有盐业银行大量股票，是个大股东，新近加入董事会。吴鼎昌这时任国民政府文官长，他对盐业银行这样安排，实际仍是他在控制一切。

　　王绍贤既任盐行总经理，张伯驹欲从盐行借贷，当然是要得到王绍贤的同意。

　　综合以上三点理由，张伯驹收购《道服赞》与《游春图》，都可能是得到过王绍贤的帮助。王绍贤与陆素娟所生之女王志怡是梅兰芳弟子，今尚健在。据王志怡告知，王绍贤系1889年即光绪十五年生，属牛，1953年殁。王绍贤无疑是张伯驹收购书画的幕后支持者，因而也是一位值得纪念的人物。

　　除王绍贤外，曾经帮助张伯驹出面与马霁川谈判的马保山，晚年撰有《张伯驹与展子虔〈游春图〉》文，发表于1992年3月15日《中国文物报》。马也谈到了其经手过程中所了解到的情况，说：

　　（前略）经多次协商终以二百两黄金谈定。成交之日，请伯驹先生和（李）卓卿（李卓卿是马霁川的合伙人）同到我家办理手续。卓卿请来亲戚黄姓鉴定黄金成色。他们以试金石验之，黄金成色相差太多，只有足金一百三十多两。伯驹先生力允近期内补足，由我作保，李卓卿亲手将展卷交与伯驹先生，后经几次补交，到补足一百七十两时，时局大变，彼此无暇顾及。

1970年，伯驹先生自长春返京，尚问及我展卷欠款怎么办？我说："形势变了，对方完了，我也完了，你也完了，这事全完了。"说了以后我二人一同大笑起来。

这一幅《游春图》，且不说历史上之流传如何困难，仅自溥仪之傀儡政权倒台后流散出来，至张伯驹夫妇将之捐赠国家，使其重归故宫，凡十年之间即有着说不完之故事。张伯驹亦是感慨系之，在《丛碧书画录》序言里才写下了为后世广为流传的两句话：

故予所收蓄，不必终予身为予有，但使永存吾土，世传有绪，是则予为是录之所愿也。

张伯驹写这段话时，已经几乎是一无所有；而得此箴言，张伯驹之一生，亦足精彩矣。

（下卷终）

2020年2月14日—3月14日北京稿

图书在版编目（CIP）数据

张伯驹笔记 / 靳飞著 . — 北京：文津出版社，2021.9
　ISBN 978-7-80554-751-0

　Ⅰ. ①张… Ⅱ. ①靳… Ⅲ. ①张伯驹（1898-1982）—传记 Ⅳ. ① K825.4

中国版本图书馆 CIP 数据核字（2021）第 037977 号

出 品 人：安　东　高立志	责任编辑：高立志　罗晓荷
责任印制：陈冬梅	封面设计：高静芳
书名题签：吕凤鼎	

张伯驹笔记
ZHANG BOJU BIJI

靳飞　著

出　　版	北京出版集团
	文津出版社
地　　址	北京北三环中路 6 号
邮　　编	100120
网　　址	www.bph.com.cn
总 发 行	北京出版集团
印　　刷	北京华联印刷有限公司
经　　销	新华书店
开　　本	880 毫米 × 1230 毫米　1/32
印　　张	7.875
字　　数	168 千字
版　　次	2021 年 9 月第 1 版
印　　次	2021 年 9 月第 1 次印刷
书　　号	ISBN 978-7-80554-751-0
定　　价	58.00 元

如有印装质量问题，由本社负责调换
质量监督电话　010-58572393